당신이 나를 이끌어 줄 때

낙제생 아들이 미 명문대학에 입학하기까지,
끝없는 엄마의 믿음과 기다림

당신이 나를 이끌어 줄 때
When You Lead Me

Noel 김세원 지음

책인사

목차

세계적인 명문대학은
어떤 인재를 원하는가

누군가는 묻는다. 뛰어난 성적과 스펙이 있으면 세계적인 명문대
학에 합격할 수 있는 것이 아니냐고. 정말 그럴까? 해당 대학 입학사
정관이 아니라서 정확히 안다고 할 수는 없으나 적어도 직간접적으
로 경험한 바에 따르면 그 대답은 반은 맞고 반은 틀리다.

갈수록 치열하고 낮아지는 명문대학 입학률을 고려할 때 학업과
비교과적(Extracurricular) 영역에 모두 뛰어나야만 좁디좁은 입학 문을
통과할 수 있다는 의미에선 맞는 말이다. 수준 높은 대학 교육을 소
화하기 위한 학업 능력을 평가해야 하므로 고등학교 때의 성실함과
뛰어난 학업 수행 능력을 평가하는 정확한 척도로 객관화된 표준화
점수와 성적이 기본적으로 중요한 요인임엔 틀림없다. 그러나 공부
잘하는 아이들은 너무 많고 완벽한 스펙들이 공통으로 겹치는 경우

도 정말 많아서 비슷한 고스펙으로는 바늘구멍 같은 입학 문을 통과하기란 매우 어렵다.

입학 전형 과정을 대회나 경기로 비유하자면 예선을 통과하도록 하는 학업 성적과 시험점수가 기본적으로 중요한 요소임은 부인할 수 없다. 그러나 만점이나 만점에 가까운 성적과 점수로 합격 여부를 따진다면 대학 입학정원은 이미 만점자로 모두 채워진다. 그리고 코로나로 응시 가능한 SAT(Scholastic Aptitude Test) 시험 취소가 빈번하다 보니, 하버드나 UC 버클리 같은 주요 대학들은 SAT 점수를 미반영하거나 필수가 아닌 것으로 바꾸었다. 그러다 보니 응시자 수가 예년보다 훨씬 많아졌다. 미국 대입 지원 사이트인 '커먼앱(Common App)'에 따르면 2021년도 원서접수 마감 결과 전년 대비 11% 늘어난 약 600만 건이 접수되었다니 훨씬 더 심해진 경쟁률 속에 차별화를 보여줄 수 있는 교과 외 활동의 중요성이 더 높아졌음을 예측할 수 있다.

점점 더 고학년 선행을 빨리하고 영어와 수학으로 대표되는 시험 성적을 만점에 가깝게 올리기 위한 노력이 입학 전형의 본선을 통과하기에는 가성비가 떨어지는 노력이 될 수 있다는 말로 해석하면 너무 지나칠까. 최고 스펙을 갖추고도 Top 30 대학에 떨어졌던 지인의 딸은 자존심이 상해 삼수를 하면서 SAT 점수를 1570점에서 1590점까지 올렸다. 만점인 1600점을 향해 노력했을 수고와 성실함을 정말 높이 사지만 결국 원하는 아이비리그 대학에 합격하지는 못했다. 안타깝지만 시험 점수는 늦게라도 만들 수 있지만 남들과 다른 특별한 스토리는 어릴 때부터 풍부한 경험과 사고 과정을 거치지 않고는 뒤늦게 만들 수 없기 때문이다.

단도직입적으로 말해 세계적인 명문대학들은 공부만 잘하는 수동적으로 만들어진 지원자를 별로 좋아하지 않는다. 그렇다면 이들이 선호하는 인재상은 무엇일까? 알파벳 용어로 얘기하자면 테슬라의 창업주인 일론 머스크가 4차 산업혁명 시대에 필요한 인재라고 역설했다는 T자형 인재이다. 일론 머스크 외 많은 전문가는 폭넓은 지식의 바탕 위에 깊이 있는 전문성을 지녀야만 AI 시대를 이끌 수 있다고 판단한 것이다. 이것을 명문대학의 인재상으로 보자면 수평적으로는 학업 외적인 영역의 다양한 경험을 통해 여러 분야에 대한 폭넓은 관심과 이해가 있어야 하며, 수직적으로는 넓은 경험을 관통하여 융합할 수 있는 한 분야에 대한 깊이 있는 노력과 성취가 드러나야 한다는 말이 되겠다.

나는 구글의 세르게이 브린과 래리 페이지, 애플의 스티브 잡스와 같은 혁신 인재를 양성하자는 목표로 2009년부터 운영되고 있는 국가 영재교육사업 업무를 6년간 담당하였다. 전국의 창의적인 청소년을 선발, 카이스트와 포스텍 대학과 연계해 미래 기술, 창의성, 지식재산권, 리더십, 인문학 등을 2년간 교육하며, 수료 후에도 교육과 네트워크가 이어지다 보니 교육의 우수성이 여러 연구로 입증된 국가사업이다. 그러나 연간 교육이 360시간 이상 온·오프라인으로 이루어지다 보니 입시와 학업에 부담이 된다는 이유로 우수한 교육임을 알지만, 자녀에게 중도에 그만둘 것을 권유하는 부모들이 늘 생겨난다.

그런데, 2년 교육을 수료한 학생들의 몇 년 후 대학 진학 경향을 보니 약간 특이한 점이 있었다. 국내대학 진학 수와 비교할 때 외국대학 진학 비율이 5% 정도로 낮지만, 어렵다는 명문대학에 진학하는 경우가 기수마다 여러 명 있는 것이었다. 학교와 교육원 활동을 힘들게 병행하면서도 하버드, 스탠퍼드, UC 버클리, 홍콩대, 칭화대 등 다수의 명문대학에 합격하는 이유를 나름 분석해 보았다. 아들의 경험에 빗대어 보고, 객관적인 전문가들의 시선에 대입해 봐도, 아이들이 중학생 때부터 여러 학문을 융합하여 공부하며 본인의 특화된 영역을 발견하고 수년간 관심과 경험을 확장해 가는 것에 가장 큰 이유가 숨어 있었다. 아시아인들에게 부족하다고 알려진 창의성 영역이 사회에 도움 되는 발명과 특허 산출물로 입증되기 때문이었다. 거기에다 교육 기간 집단 지성을 발휘하는 팀 프로젝트 활동 경험이 많고 이로부터 자신만의 특별한 스토리와 포트폴리오가 만들어진 점 등이 대학의 수준 높은 교육을 소화할 준비된 인재로 해석될 수 있음을 알게 되었다.

세계적인 명문대학들은 T자형의 관심과 노력이 나 자신만을 위함이 아니라 세상을 향한 인재를 선호한다. 본인의 관심과 노력을 통해 세상을 보다 나은 곳으로 만들기 위한 열정과 진심이 드러날 때 대학은 세계 속에서 학교를 빛내는, 세상의 발전에 이바지할 실력 있는 인재로 판단한다. 이는 세계적인 명문대 학생들의 성장 과정을 추적 조사한 책인 「하버드 부모들은 어떻게 키웠을까」에서도 확인할 수 있는데, 모든 사람이 공평한 기회를 누릴 수 없으므로 세상을 더 나은 곳으로 변화시키기 위해 옳은 일을 할 수 있는 책임감을 길러주는 것이 공통적인 양육공식 중 하나였다.

세계적인 명문대학은 빠른 속도로 변화하는 세상을 더 나은 곳으로 발전시킬 열정을 지닌 인재, 여러 학문 영역에서 지도자가 될 수 있는 인재를 기다리고 있다. 나 혼자서 공부만 잘하는 것이 아닌 더불어 윈-윈(win-win)하며 나아갈 수 있는 폭넓은 사고와 경험을 지닌 인재를 원한다. 자신의 재능을 발전시키고 다른 이들과 나눌 수 있는 그릇을 갖춘 인재를 기다린다.

이렇듯 대학 입시의 결승선을 전략적으로 잘 통과하기 위해서라도 어릴 때는 특히나 학원에 가두지 않고 경험의 장으로 안내하는 것이 너무 중요하다. 비용과 시간을 들여야 한다면, 어릴수록 선행학습보다 경험에 투자하라고 권하고 싶다. 우리나라 부모들은 자녀를 크게 그리고 남다르게 키우고 싶어 하면서도 남과 똑같은 방식으로 아이들을 가두어 키운다. 얼마 전 남태평양 피지의 지인을 통해 들었던 예화가 있다. 미네랄 성분이 가득하여 피지에 들렀을 때는 즐겨 마셨지만, 한국에 돌아와서는 먹고 싶어도 비싸서 먹기 어려웠던 'Fiji Water' 브랜드에 관한 이야기였다. 아주 오랫동안 피지 사람들은 남태평양에 넘쳐나는 미네랄 물을 본인들의 식수 이상으로 누구도 생각하지 못했다는 것이다. 이후 사업 경험이 많은 한 미국인이 이 평범한 물을 세계 시장에 비싸고 좋은 사업화 상품으로 탈바꿈시켰다는 예화를 들으며, 늘 그 자리에 머물면서 알고 있는 경험의 한계로는 자신을 더 발전시킬 수도, 가능성을 발견해 낼 수도 없음을 깨닫게 되었다.

경험해 본 것을 뛰어넘어, 또 다른 경험을 해보지 않고는, 결코 기회나 패러다임의 변화를 만들어 낼 수 없다. 특별함은 남과 같은 평범함에서 만들어질 수 없으니 내가 자라온 예전의 경험과 다른 집 자녀와의 비교로 내 아이의 무한한 가능성을 제한하는 건 아닌지 돌아봐야 하겠다. 모든 아이들에게는 더 나은 세상을 위해 기여할 저마다의 존재 목적과 꿈이 있기 마련이다. 그것을 엄마와 함께 찾아가는 아이는 행복하고 유능한 인재로 자라날 수밖에 없다.

　하나님은 어둠 속에 우두커니 서 있던 나를 빛으로 이끌어 주셨다. 그 길은 매우 어둡고 험난했지만, 결국 빛을 향해 나아가고 있음을 알고 있었기에, 그 길을 묵묵히 견딜 수 있었다. 그리고 그 이끌어 주심의 사랑을, 아들을 향해 고스란히 전달하려고 노력했다. 그 결과, 아들 또한 누군가를 이끌어 주는 인재로서 이 세상의 빛나는 보석이 되어가고 있다. 내가 한 일 중 가장 잘한 일이 무어냐 묻는다면 이것이고, 유일하게 잘한 것도 이것이다. 나머지는 하나님께 맡기고, 나는 내 욕심이 아닌 진실한 사랑으로 아들을 바라보려고 노력했다. 이 책을 읽기 시작한 당신 또한, 그 사랑을 경험하고, 그 사랑을 베풀며, 아이의 참다운 미래를 이끌어 주는 참된 엄마로서 성장하길 기도한다.

_ 김세원 드림

1장

조급한 엄마
힘겨운 아이

엄마, 이렇게 하면 좋은 어른이 될 수 있나요?

몇 년 전 아들이 대학입시 준비를 시작할 무렵이었다. 한국의 중고등학생 몇 명이 3년여간 직접 만든 〈교육으로 고통받는 아이들〉이란 보고서가 당시 커다란 이슈가 되었다. UN아동권리위원회에서 그 학생들을 직접 스위스로 초청하여 인터뷰를 진행하였다. 보고서에는 주 40~60시간에 달하는 대한민국 학생들의 학습시간이 성인의 노동시간보다도 길고 OECD 평균보다 크게는 2배 가까이 많다는 내용이 담겨있었다. UN 관계자가 안타까움에 울었다는 이야기가 있을 만큼 그 소식 자체가 씁쓸하기도 했지만, 아침 10시부터 밤 10시까지 공부한다는 '텐투텐(10to10)'이란 신조어가 이미 대한민국의 현실이 되어버린 상황이 혼란스러웠다. 12시간 동안 학교와 학원에 갇혀 공부만 하는 아이들의 상황이 안타깝기도 했지만, 솔직히 말해 이들의 학업량에 훨씬 못 미치는 수준으로 입시를 앞둔 아들의 상황이 걱정되었다. 그러나 무엇보다 공부하는 기계처럼 그 나이 때 누려야 할 현재의 행복과 권리를 포기해야만, 원하는 미래를 가질 수 있는 것인지에 대한 의문을 멈출 수 없었다.

1

내 아이만
쉬게 할 수 없잖아요

카페에 갈 때면 삼삼오오 앉아있는 엄마들을 자주 본다. 애쓰지 않아도 옆에서 하는 얘기가 들릴 때가 있다. 대화의 주제는 대부분 '자녀교육'이다. 어디가 좋다더라, 하는 학원 정보와 누가 선행학습을 얼마나 했더라, 하는 내용이 주를 이룬다. 한 주도적인 엄마가 설득력 있게 대화를 이끌어가고 다른 엄마들은 집중해 듣고 있는 모습은 학교가 있는 아파트 단지 근처에서 흔히 볼 수 있는 장면이다.

우리나라 교육정책 전반의 연구와 업무를 수행하는 한국교육개발원(KEDI)에서는 매년 전국의 성인 남녀 수천 명을 대상으로 교육 여론 조사를 한다. 2021년도 조사 결과에서 그 이전과 별다를 게 없는 응답 영역이 있었으니 '사교육을 왜 하는지'에 대한 문항이었다.

(사실 20년 전 조사 결과와도 동일해 그다지 놀랍지 않긴 하지만) 전체 응답자의 24.3%는 '남들이 하니까 심리적으로 불안해서'라고 대답했고, 그다음 높은 비율인 23.4%는 '남들보다 앞서 나가기 위해서'라고 답했다. 그럼에도 불구하고 사교육비 부담 대비, 교육 효과가 높다고 생각하는 비율은 초중고 학부모의 19.0%에 불과했다. 이는 아이의 필요에 의해서가 아니라, 효과가 별로 없는 것 같아도, 다른 집 아이가 하니까, 남을 의식한 경쟁심리에서 사교육을 시키는 엄마들이 꽤 있다는 의미다.

착한 사교육과 나쁜 사교육이 있다. 감성을 키워주고 꿈과 진로 흥미를 개발하며 부족한 학습을 보완하는 교육을 착한 사교육이라 하겠다. 개별적인 지식 습득 용량을 인정하지 않고 획일적으로 빨리 많이 집어넣는 것을 강요하는 선행 지식 주입은 정말 나쁜 사교육이라 생각한다. 현재 대한민국의 사교육은 나쁜 사교육이 주(主)다. 교육이란 내 아이의 미래를 위해서 행하는 것임에도 불구하고, 많은 부모가 아이의 미래가 아닌 자신의 불안을 달래기 위해 교육이 아닌 고육(苦育)을 하는 것은 아닌지 마음이 좋지 않다.

국내 최고 뇌과학자로 평가받는 서유헌 서울의대 명예교수는 2020년 베이비 뉴스와의 인터뷰에서 "모든 교육의 목표가 대학 입시에만 맞춰지는 사회적 분위기 때문에 엄마 배 속에서부터 대학 입시 준비가 시작되고 있다"고 말했다. 부모들이 그저 좋은 대학에 보내고자 하는 목표가 교육의 의미로 변질되고 있다고 지적하며, 이를 위해 선행학습을 시키는 부모들은 우리 아이의 뇌와 옆집 아이 뇌는 분명히 다르다는 것을 알아야 함을 강조하는 인터뷰 내용을 읽으며 깊이 공감했다.

나 또한 세계 어느 나라에도 뒤지지 않는 교육열을 지닌 대한민국의 학부모다. 당연히 아이가 좋은 대학에 가기를 바랐다. 그 때문에 모든 정보와 노력을 다 끌어모으고 열심히 공부해야만 원하는 대학에 그나마 갈 수 있다는 현실을 잘 알고 있다. 이 작은 나라에서 대학 입시 경쟁은 너무 치열하고 대입 전형은 수십 개에 이르니 경쟁자보다 빨리 우위를 선점하도록 노력하는 마음도 이해한다. 하물며 미국 명문 대학은 어디 합격하기 쉬운가. 넓디넓은 땅 미국에는 4,000개가 넘는 대학이 있다고 하니 졸업장만 필요하다면 어디라도 들어갈 수 있다. 설사 지금 당장 영어를 못해도 예비 전형으로 다닐 수 있는 곳들도 있다. 하지만 학교 순위 100위를 넘어 Top 30 수준의 최고 순위 명문대학들은 합격하기가 하늘의 별 따기다.

전 세계 인재들이 몰려드는 만큼, 경쟁률 또한 국내대학과는 비교가 안 된다. 2022년도 최종 합격률을 서부 지역 대학을 기준으로 할 때, 스탠퍼드 대학은 5.2%이고 UC 버클리 대학은 11.4%였다. 스탠퍼드로 예를 들면 10,000명이 지원해 9,500여 명이 떨어진다는 의미다. 그만큼 세계적인 명문대학의 문턱을 넘기란 어렵다. 일반적으로 이런 수치는 전체 신입생 합격률이기 때문에, 상대적으로 입학이 쉬운 다수의 미국 국적 합격자 외 순수 대한민국 국적 소지자로서 지원할 수 있는 인터내셔널 전형은 전 세계 학생들과 겨뤄야 하기에 합격하기 더욱 어렵다. UC 버클리의 경우 전체 합격률은 11.4%이지만 국제학생 합격률은 5.5%임에서 알 수 있듯이 말이다. 학교에 따라 동문 자녀 전형이나 특기자 전형에 해당하는 합격자 인원을 제하기도 하니, 사실 경쟁을 시작하기도 전에 힘이 빠지는 것이 사실이다.

자녀를 좋은 대학에 보내기 위한 노력은 집안의 어떤 대소사보다도 큰일이며 특히 엄마들을 가히 목숨 걸게 만드는 경우가 많다. 자녀 입시를 치르고 암에 걸렸다거나 폐경이 왔다는 가슴 아픈 이야기도 많이 들린다. 이토록 엄마들을 진 빠지게 하면서도 그 긴 시간을 미친 듯이 달려 입시의 결승전을 통과한 이후, 부모도 아이도 만족스러운 결과를 얻을 수 있다면 어떤 대가라도 지급하겠다. 그러나 어쩌면 반대 결과가 더 많다는 사실이 우리 엄마들을 더 힘들고 불안하게 하는 건 아닐까.

대치동으로 대표되는 사교육 현장에서는 노골적으로 '텐투텐'을 표어로 내세워 아이들을 사육하듯이 몰아간다. 아들이 입시를 앞둔 당시, 많은 시간을 투자해야 함을 스스로 알고 의지력을 발휘해야 할 고3 때조차도 미국 대학수학능력시험에 해당하는 SAT 모의고사를 실제와 똑같이 풀어보는 종일반 학원을 정말 힘들어했었다. 그런데 하물며 더 어린 중학생들과 심지어 초등학생들까지 '텐투텐'을 해야 한다니. 생각만 해도 머리가 지끈하다.

최근 텐투텐 의미가 '아침 10시에서 밤 10시까지 공부한다'는 의미 외 하나가 더 있다는 이야기를 들었다. 10살에 시작해야 10년 공부에 성공한다는 의미였다. 아이들을 달리게 하는 연령은 점점 어려지고 있다. 겨우 초등학교 3학년이 된 때부터 쉬지 않고 달리게 해야 좋은 대학에 들어갈 수 있다는 말이 아닌가. 도대체 그 못된 말은 누가 만든 것일까. 또, 왜 그렇게 해야만 된다고 하며 그 위험한 길에 아이들을 밀어 넣는 것일까. 정말 다른 길은 없는 걸까.

이 질문이, 나와 아들의 이야기를 책으로 엮어보겠다고 다짐하는 시작이 되었다. 감히 누가 남의 자식의 교육에 이래라 저래라 하겠는가. 다만, 나와 아들이 겪은 이야기가 단 한 가정이라도, 단 한 명의 엄마라도, 불안함 때문에 아이를 다그치는 상황에서 빠져나올 수 있길 바라는 마음이다. 정말 어려운 자녀교육의 길이다. 그래도 모두가 함께 내 아이가 행복하길 바라는 마음은 매한가지다. 모든 엄마가 아이를 사랑하는 그 마음은 동일하다 믿는다. 다만 그 방향이 비뚤어지지 않도록, 이 책이 당신과 당신의 자녀를 올바른 길로 이끌어 주는 조그마한 동력이 되기를 진심으로 바라는 마음으로 이야기를 이어간다.

2

아이의 미래는
학습의 속도와 비례하지 않는다

요즘 엄마들의 이야기를 듣다 보면 어느 집 아이가 더 고학년 수학이나 영어를 빨리 공부하는지 또는 학원이나 과외로 보내는 시간이 더 긴지 경쟁이라도 하는 것 같다. 남들이 하니까 안 시킬 수는 없고, 이해도와 상관없이 고학년 선행학습을 몇 번 돌리다 보면, 그나마 아는 게 있겠지 싶어 시킨다는 말도 들린다. 아이들은 아이들대로 엄마의 정보가 기준이 된다. 마치 더 많은 선행을 하면 실제 실력이 더 있는 것처럼 우쭐하고, 대형 프랜차이즈 학원의 높은 수준 반에 다니면 작은 보습학원에 다니는 또래들보다 실력이 더 뛰어난 것으로 자랑스럽다고 했다.

별 이상한 분위기도 다 있다 싶었다. 이 기준으로 우쭐해 자랑하는 엄마들은 모르긴 몰라도 이렇게만 쭉 하면 좋은 대학 보낼 수 있을 거라는 자신이 있는 것 같다. 반대로 이 기준으로 자랑하거나 우쭐댈 것이 없는 엄마들은 초조해져 더 달리게 할 기세이거나 이미 좋은 대학에서 멀어지고 있다고 생각하는 것 같다. 나 또한 그런 기준을 믿었다면, 선행학습을 한 번도 한 적이 없는 아들은 학창 시절 이미 좋은 대학과 거리가 멀다고 느꼈겠으며, 초등학생 딸들은 이미 뒤처진 아이라고 생각할 수 있었겠다는 생각이 들어 씁쓸한 마음이 든다. 아들을 키운 경험과 딸들을 키워가는 과정에서 적기학습이 아닌 선행학습이 오히려 당연하게 인식되는 분위기를 접하며, 대세를 바꿀 수는 없을지라도 최소한 반기라도 들고 싶었다.

공공기관에서는 2017년부터 평가자가 지원자의 학력 등을 전형단계에서 알 수 없는 블라인드 채용 선발이 시작되었다. 하지만 여전히 인맥과 학벌이 중요한 대한민국에서 자녀를 당당한 사회인으로 살게 하기 위한 첫 관문을 잘 통과하게 해 주고 싶은 부모의 마음은 당연한 일이다. 좋은 대학에 다닌다고 행복하거나 인격적으로 훌륭하게 자란다는 것을 의미하지 않음을 알고 있다고 해서, 나와 같은 보통 엄마들이 '그저 건강하게만 자라다오. 공부는 못 해도 되고 대학은 안 나와도 된다'고 말하기는 아직 어렵다.

그런데 왜 최종 결과가 좋지 않은 걸까. 왜 우리 아이들은 괴로워하고, 엄마들은 집착형 부모가 되어갈까. 마지막에 웃는 엄마보다, 오히려 반대 경우를 더 많이 보게 되는 이유는 뭘까. 영어유치원을 시작으로 소위 대치동 트랙으로 수년간 딸을 뒷바라지했으나 정작 고3 때 아이가 다 포기해 정서적으로 문제가 생긴 아이를 살리려고 대학 지원을 포기시킨 경우도 있다. 없는 형편에 대치동에서 남들 다 하는 대로 키웠지만, 결국엔 두 가정 자녀 모두 지방대에 합격하여 들인 노력을 허탈해한 경우도 있다. 또 한 지인의 외동딸은 엄마의 철저한 선행과 사교육 관리를 바탕으로 영어유치원부터 완벽에 가까운 시험점수와 최고의 스펙을 쌓았음에도 불구하고 당연히 합격할 줄 알았던 아이비리그나 최고 주립대학에 합격하지 못해 주위를 의아하게 했다. 주변 지인들의 자녀들에 비해 누적된 학습량이 가장 적을 뿐 아니라 선행학습 또한 하지 않았던 아들이 UC 버클리에 합격했을 때, 지인들은 물론 사실, 당사자인 우리부터 그 결과에 놀라울 따름이었다.

대학 입시는 마라톤이라는 표현이 있다. 아들 입시를 겪어보니 정말 100% 공감하게 된다. 마라톤은 100m 전력 달리기가 아니라서 긴 호흡으로 경주에 임할 수 있도록 선수를 이끄는 코치의 전략이 달라야 한다. 단기 레이스와 개념 자체가 달라서 절대 초반에 힘 빼면 안 될 뿐 아니라 전략적으로 힘을 잘 배분해 결국엔 좋은 성적으로 결승선을 통과함이 목표임을 우리는 상식적으로 알고 있다. 처음부터 온 힘을 다해 달리거나 초반에 힘을 다 빼버리면 점점 뒤처지거나 가장 중요한 완주를 하지 못하는 결과를 가져온다. 반대로 초반에 힘을 사용하지 않고 비축해 둔 사람은 처음엔 좀 뒤처지고 잘 못 하는 것 같아도 레이스를 할수록 요령도 생기고 적절히 전략을 발휘해 최종적으로는 막판 역전도 가능하다.

요즘 교육 현실을 마라톤에 비유하자면, 대학 입시 준비 나이가 점점 낮아져 초등학교 때부터 좋은 대학에 가기 위한 마라톤 레이스 위에서 전력으로 달리도록 몰아가고 있는 것 같다. 그런데, 그렇게 십 년 가까이 전력 질주하는 과정에서 번아웃을 겪지 않고 우수한 성적으로 완주한 아이가 과연 몇이나 될까. 요즘은 사실 그 나이도 더 낮아지고 있어 오죽하면 UN에서 과잉학습으로 인한 영유아 발달권과 놀 권리 침해를 경고하고, 정부 차원에서 과잉학습을 방지하고 놀 권리를 보장하는 입법을 추진하기에 이르렀을까.

비영리단체인 '사교육걱정없는세상'에서 수학 전문가 30인이 잘못된 수학 사교육 정보 12가지를 실어 발간한 〈웃어라 수포자〉라는 소책자가 있다. 전문가들의 인터뷰와 연구를 통해 과도한 선행학습이나 사교육이 얼마나 문제가 있고 효과가 없는지 명쾌하게 밝히고 있는데, 수학학원 원장의 인터뷰 내용에 쓴웃음이 터져 나왔다. 중 1 아이가 고 1까지의 선행을 마치고 왔다길래 중 1 내용을 테스트하니

30점도 나오지 않았다는 내용이었다. 중 1 내용은 너무 오래전에 배워 기억이 안 난다는 이유였는데, 아이는 꽤 충격을 받았다고 했다.

억지로 배우게 되는 어려운 내용이 자기 머리 용량을 일찌감치 뛰어넘음을 알고도 어쩔 수 없이 또는 대부분 알지 못한 채 얼마나 많은 시간을 늦은 밤까지 학원에 갇혀 주입을 강요당하고 있는가. 그리고 부모들은 자녀를 위해 얼마나 큰 비용을 들여가며 자신의 삶을 희생하고 있는가. 어려서부터 종일 학원에 갇혀있는 아이들을 보면 꼭 새장에 갇혀있는 새 같다. 그런데 그냥 작고 힘없는 새일까? 아니다. 우리 자녀들 하나하나 신체활동이 활발한 나이에 열심히 움직이며 큰 꿈을 꾸며 날아올라야 할 독수리에 가깝지 않은가.

독수리는 원래 하늘을 자유롭게 날아다니면서 먹이를 사냥하며 살아가야 한다. 그런데 그들을 잘 안다고 생각하는 인간은 독수리도 새라는 이유로 새장에 가두려 하기에 결국 용맹함을 잃어버려 그저 그런 애완동물로 전락하고 만다. 어느 책에서 읽게 된 '독수리를 새장에 가두지 마라'는 문장이 생각난다. 독수리도 새니까 새장에서 키워야 한다고 말하듯이, 엄마가 정해준 학원 스케줄과 남들이 하는 선행 속도대로 가만히 종일 학원에 있으라고 말하는 것 같다. 아이가 점점 자기다움을 잃어버리는 불행함으로 아파하고 있음을 인정하지 않은 채 말이다.

인생을 성공으로 이끄는 사고방식을 가르치는 조세핀 킴 하버드 대 교육대학원 교수는 저서 「0.1% 인재의 비밀」에서 15년 동안 깨닫게 된 하버드생들의 진짜 탁월한 능력은 지능이나 공부법이 아닌, 어떤 상황에서도 스스로를 믿고 주어진 상황을 슬기롭게 극복해 가는 자아존중감임을 밝히고 있다. 우리 자녀들은 좋은 대학교를 넘어 너무나도 거친 인생의 항해를 직접 해 나가야 한다. 그러나 새장에 갇혀 경쟁 속에 끊임없이 비교당하며 자신은 불행하고 남보다 못하다는 메시지를 계속 받는데, 무슨 힘으로 자신을 신뢰하고 격려하며 어려움을 극복해 가기 쉽겠는가. 긴 인생이라는 마라톤을 기준으로 볼 때, 대학 입시라는 구간 때문에 새 장에 가두어진 독수리가 되기에는 아이들 하나하나가 너무 특별하고 소중하다.

3

내 아이를 실력 있게 키우는 교육은 따로 있다

앞서 언급한 조세핀 킴 하버드대 교수는 8세 때 미국으로 건너간 한국인 2세다. 31세에 최연소 동양인으로 하버드 대학교에 임용되었으며, 20년 가까이 여러 나라 부모와 학생들을 만난 상담전문가이기도 하다. 그는 저서 「우리 아이 자존감의 비밀」 및 여러 강연에서, 그간의 수많은 만남과 연구를 통해, 아이들이 어려서부터 형성된 자존감이야말로 내면을 강하게 키우고 인생을 성공으로 이끄는 키워드라는 사실을 깨닫게 되었다고 강조했다. 나 또한, 어렸을 적 단단하게 심어진 자존감이 인생의 위기 가운데 다시 일어날 힘이 되고 경쟁이 치열한 학업 세계에서도 자신의 소중한 가치를 지키며 완주할 힘이 된다는 사실에 깊이 공감한다.

자존감의 중요성에 깊이 공감하기에 조세핀 교수의 책과 강연을 접할 때마다 연신 고개를 끄덕이곤 했다. 그런데, 호기심이 생긴 또 하나의 면은 8세 때 미국으로 간 한국인 가정의 이민 2세가 어떻게 31세의 최연소 동양인으로 세계 최고 대학에 교수로 임용될 수 있었는가였다. 그 유능함은 과연 어디에서 기인한 것일까 궁금해졌었다. 그러던 중 한 강연에서 조세핀 킴 교수의 어머니가 목회자의 사모로서 어렵게 자녀들을 키워낸 이야기를 들었다. 강연내용이 다 기억나지는 않지만, 이민 직후 미술을 제외한 전 과목 시험에서 F를 받았던 자녀를 굉장히 유능하게 키워낸 배경에는 강력한 정서적 지원과 교육적 통찰력을 제공하는 것 외에 자녀가 어릴 때조차도 자기 인생을 살아가도록 믿고 주도적인 인간으로 성장하도록 거리를 둔 것이 가장 큰 성공의 요인이었다는 내용이 가장 기억에 남는다.

다른 이야기를 하나 더 소개하고자 한다. 얼마 전 '감정코칭'을 주제로 한 부모 교육을 수강했다. 아들의 마음을 충분히 헤아리지 못하며 키운 미안한 마음이 남아 있었기에, 감성적인 딸들에게는 좀 더 마음의 거리를 좁혀보고자 몇 주간 교육에 참여했었다. 강사는 부모 교육 강사가 되기까지의 과정과 자녀를 키운 경험을 진솔하게 나누어주었다. 아들이 있었던 강사는 특히나 유별난 아들을 키우며 마음고생을 많이 했다고 했다.

아들을 키운다는 게 얼마나 힘든지 누구보다 잘 알던 나였다. 어떤 지인은 '여자가 남자를 키운다는 것부터가 말이 안 된다'고 할 정도로 내 뜻대로 안 따라와 줄 뿐 아니라 때로는 사고방식이 이해가 안 되는 아들을 양육하는 고충을 누구보다 잘 알 수 있었다. 강사 역시 그런 아들 때문에 부모 교육 강연을 열심히 듣고 감정코칭 교육도 받으며 배움을 아들에게 실습하면서 마음을 읽어주고 이해 간격을 좁히려고 많은 노력을 했다고 했다.

하지만 아이가 변화되기를 기다려 주고 함께 버텨주는 것이 부모로서 얼마나 어려운 일인가. 그녀의 아들은 공부에는 별 관심이 없었고, 고등학교에서 데리고 간 견학에서 보고 온 소방차에 꽂혀 거기에만 관심이 있었다. 한창 공부할 고등학생이 장난감 같은 것에 꽂혀 있으니, 부모로서 얼마나 답답했겠는가. 그러나 그녀는 아들의 입장을 헤아리려 부단히 노력했고 주위에서 그러고 있으면 안 된다고 하는 분위기 속에서도 결국 아들이 원하는 대로 고등학교만 졸업하고 대입 지원을 하지 않는 것을 허락했다고 했다.

대한민국 사회에서, 그것도 부모가 모두 대학과 대학원을 졸업한 상황이라면, 자녀가 특별히 어떤 분야에 뛰어난 재능이 있어 진로가 정해진 경우를 제외하고 그냥 고졸 학력이 됨을 허용한다는 건 굉장히 힘든 일이다. 하지만 그녀는 당장은 아니더라도 아들이 되고 싶은 것을 이루기 위해 대학 진학을 하지 않음을 존중해 주고 꿈을 더 견고히 하라고 고등학교 졸업 후 무전 세계 배낭여행을 허락해 주었다고 했다. 그 후로도 자신의 삶을 살기를 기다려 주고 정말 좋아하고 열정을 다할 수 있는 분야의 길을 가도록 응원해 주는 엄마가 있어 아들은 힘을 얻었을 테다. 결국 몇 년간의 치열한 공부 후 높은 경쟁률을 뚫고 그가 원하는 꿈이었던 소방 공무원에 최종 합격했다는 최근 근황을 들을 수 있었다.

어려움 속에 있는 사람을 구하고 싶은 이타적인 마음을 담고 본인이 정말 원하는 행복한 적성과 진로를 스스로 찾았으니 이거야말로 진짜 실력이 아니겠는가. 열심히 노력한 그 아들의 열정도 대단했지만, 나는 그 엄마의 양육이 정말 대단하다 느껴졌다. 이론만이 아닌 살아낸 삶으로 가르치는 것이라 그 강의에서 더 큰 힘을 느꼈다. 자신의 아이가 비록 남들과는 다른 길을 가더라도 인정하고 수용하며 기다리면서, 정말 좋아하고 잘하는 것을 통해 사회에 이바지할 수 있는 아이가 되도록 지켜봐 주는 것. 당연하지만 너무나 어려운 그 길을 강사님은 굳건히 걸어온 것이다. 또 아들은 엄마의 전폭적인 지지와 기다림을 딛고 정말 자신의 열정을 쏟을 분야를 찾아 꿈을 이루었으니, 앞으로 무엇을 해도, 실력 있는 자로서 주도적인 삶을 살아갈 것이라 확신한다.

한국교육개발원(KEDI)의 '2022년 교육 여론조사'에 따르면, '우리 사회에서 자녀교육에 성공했다는 것은 무엇을 의미하는가'라는 질문을 전국 19~74세, 성인 4,000명에게 던진 결과, 가장 높은 비율인 전체의 25.8%가 '자녀가 하고 싶은 일과 좋아하는 일을 하게 되었을 때'라고 응답했다. 자녀교육의 성공을 자녀가 명문 대학에 들어간 것으로 응답한 비율은 10.1%로 이 대답이 가장 높은 비율을 보였던 2010년과는 정반대의 결과다. 이는 자녀 교육에 대한 성공의 의미가 분명히 바뀌고 있음을 의미한다. 우리나라 부모들이 이렇게 정답을 잘 알고 있으면서도 대학 입시에 목을 매고 아이를 치열하게 달리게 하는 이유는 엄마들의 잘못이기 이전에 대한민국의 교육 구조가 잘못되었음을 인정해야 한다.

　학교에서는 대부분 선행을 했다는 전제하에 "학원에서 배웠지?"라며 배워야 할 내용을 대충 뛰어넘는 수업을 하고, 변별력이란 명분으로 교사도 풀기 어렵거나 교육과정을 벗어난 수학 문제가 작년 수능에도 20% 가까이 출제되는 현실이니 사교육에 매달릴 수밖에 없는 현상이 벌어진다. 공교육의 교육 과정과 수준을 벗어날 뿐 아니라 기회가 단 한 번뿐인 수능 시험을 위해 비정상적인 경쟁을 하게 만드는 입시구조가 근본적으로 바뀌었으면 하는 마음이 간절하다.

　지금은 고인이 된 세계적인 미래학자인 앨빈 토플러는 '한국 학생들은 하루 15시간 동안 학교나 학원에서 미래에 필요하지도 않은 지식과 존재하지도 않을 직업을 위해 시간을 낭비하고 있다'라는 유명한 말을 2007년에 남겼다. 우리나라 교육을 꿰뚫는 통찰에 여전히 그의 어록에 등장하는 말이지만 십수 년이 지난 지금의 교육 현실은 크게 달라진 것이 없다. 점점 심해지고 대상이 어려지는 현실만이 있을 뿐이다. '내가' 무엇에 관심이 있고 무엇을 좋아하고 어떤 것을 잘할 수 있는지, 그리고 왜 공부를 해야 하는지를 알고 있어야 삶을 주도적으로 살 수 있다. 하지만 지금 교육 구조에 끌려다니는 아이들에게는 자신을 알아갈 시간도 마음의 여유도 없다. 비단 일반 중고등학교에 다니는 아이들만의 현실이 아니다. 영어유치원을 시작으로 자녀를 만들어 가는 엄마들의 경제적 쏟아부음과 한국말도 서툰 아이에게 단어 스펠링을 외우게 하며 자녀들을 푸시하는 주변의 노력은 저 아이가 언제까지 버텨낼 수 있겠냐는 우려를 하게 만든다. 불합리하면서도 모두가 경쟁하는 분위기 속에서 어떻게 기존의 틀을 거스르고 새로운 마음으로 아이가 진정 행복하면서도 실력 있는 한 사람으로 성장하도록 도와줄 수 있을까.

이런 현실이라면 앞으로도 극적인 변화는 당분간 없을 것이며, 한 개인이 건강하지 못한 구조와 다이내믹을 바꾸기란 불가능에 가까울 것이다. 결국 내가 생각한 방법은 하나다. 이 어려운 현실 속에서 부모가 최대한 중심을 가질 수 있어야 자녀가 자신의 실력을 발휘하며 자랄 수 있다. 아이를 실력 있게 키운다는 것은 진정한 자기 실력을 스스로 찾아가도록 돕는 것이라 생각한다. 아이가 정말 잘하고 좋아하는 것에 몰입할 수 있어서 다른 누군가와 차별되고 독특한 경쟁력을 갖추어 갈 수 있는 것, 그리고 내면의 자존감이라는 실력을 바탕으로 외적인 능력을 갖추어 가는 것 말이다. 거기에 더 나아가 개인적인 안위를 위한 삶이 아니라 타인과 사회를 돕고 생활력을 갖춘 실력이라면 더 말할 것도 없겠다.

　명문대학을 진학한 자녀를 키운 수백 명 부모의 양육 방식을 연구한 서적 「하버드 부모들은 어떻게 키웠을까」에서는 가정 양육환경과 상관없이 공통으로 밝혀낸 '양육 공식'이 존재한다고 주장했다. 때로는 아이의 역량을 충분히 발휘하도록 돕는 전략가나 코치의 역할을 담당하며 인생을 적극적으로 이끌지만, 그마저도 학업적 성취와 흥미, 사회에의 기여를 아이에게 가장 맞는 방식으로 끌어내려는 방법이어야 한다는 것이다. 엄마로서의 적절한 개입과 적당한 거리 두기, 그 두 가지의 균형이 내 아이의 유능함을 완성해 가는 핵심이라는 사실을 확인할 수 있어 반가웠다. 그 균형은 내 아이의 속도에 따라 때로는 한 발짝 앞서고 때로는 딱 같은 걸음으로 함께 맞춰갈 때 가능한 것일 테다.

4

내 아이의 속도를 따라가는
적기교육의 힘

과유불급. 지나칠 과(過), 오히려 유(猶), 아닐 불(不), 미칠 급(及)으로 만들어진 사자성어. 누구나 한 번쯤 들어본 '지나친 것은 미치지 못한 것과 같다'라는 뜻의 고사성어다. 이 고사성어는 자녀교육에 가장 적합하게 사용될 수 있다. 아이가 자라는 동안 부모 마음대로 하고 싶은 욕심을 다스리지 않으면 오히려 부모가 원하는 대로 커주지 않을 뿐 아니라 관계도 어긋나기 마련이다.

저명한 부모 교육 전문가인 박재원 에듀니티랩 소장은 신동아 (2019)와의 인터뷰에서 "교육 과정에서 지켜야 할 기본질서가 초등 입학 전엔 나이, 입학 후엔 학년임에도 불구하고 조기교육이 나이를 그리고 선행학습이 학년을 무너뜨리고 있다"고 진단했다. 극도의 무질서와 혼란 속에서 입시의 승자와 패자 가릴 것 없이 모든 아이가 피해자가 됨을 수년간 몸담았던 대치동 사교육 현장에서 직접 목격했음을 안타까워하면서 말이다. 뇌를 연구하는 물리학자로 유명한 정재승 카이스트 교수도 저서 「열두 발자국」에서 모두의 머릿속에 같은 내용을 채우는 데 대한민국 전체가 몰두하고 '선행'이라는 이름으로 남들보다 먼저 입력하라고 집집마다 많은 사교육비를 쓴다고 비판했다.

한편, 신의진 세브란스 소아정신과 교수는 20만 부 이상이 판매된 「현명한 부모는 아이를 느리게 키운다」라는 저서에서 무분별한 조기교육으로 문제 행동을 보이는 아이들을 치료한 경험으로부터 발달단계에 맞게 천천히 키우는 것을 강조했다. 앞서 언급한 서유헌 교수도 세계일보 칼럼(2018) 등 여러 언론 인터뷰를 통해, 20년에 걸친 뇌 발달에 맞는 적기 교육을 주장하며 뇌 발달과 맞지 않는 선행교육이 가장 나쁨을 강조했다. 시기별로 뇌의 발달 부분과 각 부분이 기능하는 영역이 다 다른데, 아직 인지기능이 발달하지 않은 유아에게 인위적인 외국어 교육을 한다거나 정보를 주고받는 신경전달물질이 고갈되어 정보전달력이 떨어지는 저녁 시간에 계속 뇌에 뭔가를 집어넣어 과부하가 걸리게 하는 방식은 오히려 아이를 망치는 길이라고 하면서 말이다.

얼마 전 한 엄마의 블로그에서, 전문가들이 염려하는 우려가 실제 어떻게 일어나고 있는지를 접하며 마음이 무거웠다. 그녀는, 난독증 치료를 위해 센터를 찾은 여덟 살 아들의 이야기를 써 내려가며, 왜 어린 나이에 난독증을 겪게 되었는지에 대한 이유를 설명했다. 그녀는 아들을 3년간 영어유치원에 보냈고, 더 실력을 키우기 위해 뮤지컬 잉글리쉬에도 함께 보냈다고 했다. 수년간 사고력 수학과 학습지, 피아노 학원까지 보냈지만, 엄마의 바람과 달리 영어는 여전히 잘 못 하고, 피아노는 '떴다 떴다 비행기' 밖에 치지 못한다고 했다. 모국어 기본이 전혀 갖춰지지 않았는데 외국어만 학습하다가 학교를 입학한 후 한글에 대한 이해가 전혀 없어, 선생님과 소통이 안 되는 안타까운 사연이었다. 아이마다 걷고 말하는 시기가 다르다는 것은 대부분의 부모가 인지하고 있다. 반면, 뇌와 인지발달의 시기가 다르다는 것은 인지하지 못한다. 그 때문에 시기에 맞지 않는 학습을 요구하다 뇌 발달을 오히려 방해하는 엄마들이 점점 많아지고 있다.

아이들의 마음과 행동, 뇌를 정확하게 파악하고 연구하는 전문가들이 이렇게까지 선행학습의 폐해를 경고하고 적기 교육을 강조하는데, 아직도 많은 엄마들은 이 확실하고도 전문적인 조언을 믿지 못한다. 아니, 믿으려고 하지 않는다. 잘 알려진 것처럼 많이들 부러워하는 미국, 독일, 핀란드 등 교육 선진국에서도 발달단계를 거스르는 선행학습을 시키지 않는다는데 왜 이렇게 열과 성을 다하여 시간과 돈을 버리며 아이를 망치는 길을 선택하는 걸까. 뛰어난 전문가 견해와 선진국의 교육 경향은 따르지 않고 왜 전문성도 없는 주변 엄마들 말을 듣는 걸까. 학생들을 수단으로 영업 이익을 극대화하려는 사교육 시장의 논리에 전적으로 의지하며 아이를 내달리게 하는 엄마들의 의식을, 이제는 바꿔야 할 때다.

아들이 중학교 2학년 때쯤으로 기억한다. 나도 한번 가보자 싶어 유명하다는 영어 학원 교육 설명회를 신청했다. 워낙 인기가 있고 엄마들이 몰리는 설명회라 선착순 예약 후 장소도 당일 문자로 통보받아 예약번호를 확인받고야 들어갈 수 있었다. 외부 공연장에 무슨 요원 접선하듯 들어가 말 잘하기로 둘째가라면 서러울 원장님의 뛰어난 언변으로 속사포처럼 쏟아내는 최근 특목고 및 대학 입시 경향과 아이 성적에 따른 학원 수강 정보 설명을 들었다. 그동안 영어에서만큼은 재능있다고 생각되던 아들이었다. 하지만 학원 측에서는 어학 공인점수인 토플(TOEFL) 시험점수 100점이 나오지 않을 때까지 엄마로서 이제까지 뭐했냐는 타박을 했다. 생각지 못했기에, 있지도 않았던 불안감이 스멀스멀 피어나기 시작했다. 그때까지 토플 시험은 미국대학 영어 강의를 잘 알아듣는 정도의 실력을 갖췄는지 검증하는 시험이니 고등학교 때 치르면 되고 80점 이상의 점수면 대입 지원이 가능하다고 알고 있었는데 중학생이 100점을 갖춰야 한다니. 120점 만점을 향해 1점씩 더 올리기 위한 학원 수강이 얼마나 필요한지 설득이 이어졌다.

열중해 메모하며 듣고 있는 엄마들과 달리 1시간이 채 못 되어 너무 속이 울렁거리고 구토가 나올 것 같아 중간에 나올 수밖에 없었다. 설명회를 나서는 순간, 100점을 미리 못 만들어 준 얼마나 무능한 엄마인가 하는 자책과 그동안 뭐 하고 있었나 하는 자괴감이 나를 괴롭히기 시작했다. 그러면서 당장 아이를 학원에 등록시키고 다그쳐야겠다는 생각이 강한 결심으로 다가왔다. 그러나 집으로 돌아오며 숨을 고르고 그 환경을 벗어나니 점차 정신이 차려졌고 나를 포함해 얼마나 많은 엄마가 이 '불안 마케팅'에 걸려들지 예상되었다. 그날의 해프닝을 겪은 뒤 늘 하던 대로 아이에게 그 학년에 해야 할 필수적인 것들을 공부하게 하며 선행학습 유혹을 떨쳐냈고, 이후 아이가 고등학교 때 대학 진학을 위한 입시 설명회에만 참석하고 다른 설명회는 가지 않았다.

요즘 주위에선 몇 년 전 그 설명회와 비슷하거나 혹은 더 심한 이야기가 심심찮게 들려온다. 신문에서 읽은 4년 치 선행학습을 시킨다는 대치동 초등 학원의 '의대반'을 들어가기 위한 6:1의 높은 경쟁률이나 초등학교 때 고등학교 수학까지 다 끝내야 한다고 강조하더라는 유명 수학학원 이야기에서, 사교육 시장이 불안 마케팅을 넘어 공포 마케팅으로 위협하고 있음을 엄마들이 분별할 수 있길 바란다.

마라톤과 같이 대학입시라는 긴 트랙에서는 정말 긴 호흡으로 아이를 바라보고 지점에 따라 달리기의 강도와 전략을 달리해야 한다. 그러지 않고 초반에 1등을 하거나 전력으로 달리는 사람치고 마라톤을 완주하거나 우승자 명단에 들어가는 경우는 거의 없다고 해도 과언이 아니다. 다섯 살 꼬마도 다 아는 토끼와 거북이의 우화를 봐도 알 수 있다. 마지막에 이기는 승자는 초반에 전력 질주하다 쉬어버리는 토끼가 아니라 자신의 페이스대로 끝까지 최선을 다해 결승선에 다다른 거북이가 아닌가. 초반에 힘 빼지 않고 주변도 돌아보며 자신의 속도대로 갔기에 완주할 수 있었고 역전까지 가능한 막판 뒷심도 발휘할 수 있었던 것이다. 이것은 절대 변하지 않는 진리다.

얼마 전, 우는 초등학생 딸을 매일 자정까지 수학 공부시키는 엄마 때문에 어찌할 바 모르는 아빠의 하소연 가득한 기사를 읽었다. 새로운 것을 알아가는 즐거움을 빼앗아 버리고 어릴 때 이미 질려버리게 하는 공부. 마음이 가지 않는 강요에 의한 지나친 선행학습. 그것은 교육이 아니라 독이고 아동학대와 가히 맞먹는다고 생각한다. 수백 년 전 레오나르도 다빈치가 말한 '목적 없는 공부는 기억에 해가 될 뿐이며, 머릿속에 들어온 어떤 것도 간직하지 못한다'라는 명언은 여전히 유효하다.

그렇다면 어떻게 해야 할까. 나도 무엇이 정답이라고는 말할 수 없다. 하지만 나와 아들의 이야기가, 결국 뒤처질 거라고 불안해하는 엄마들에게 작은 위안이 되고 아이를 바라보는 관점을 다르게 할수 있길 바란다. 창조주가 만든 아이들의 말랑말랑한 뇌는 20년에 걸쳐 자라난다는데 그 시간은 자녀를 성인으로 양육하는 20년의 세월과 일치한다. 그리고 그 시간을 현명하게 만들어 갈 책임은 부모에게, 그중에서도 더 많은 시간을 함께하고 더 많은 정서적 교류를하는 엄마에게 있다. 그래서 엄마는 위대하며, 엄마가 되기란 쉽지않다.

2장부터는 선행이 아닌 아이의 속도를 따라가는 적기 교육으로 맞춤 교육을 실행하고자 노력했던 나와 아이의 여정을 솔직하게 담았다. 그 여정은 그야말로 어둠 속에서 빛을 찾아 떠나는 여정이었다. 아무것도 보이지 않았지만, 내 발길이 이끌어지는 대로, 나는 아이들의 손을 잡고 걸어 나갔다. 나는 부족한 엄마였다. 지금도 그렇다. 하지만 수많은 시행착오와 어려움 속에서 기도하고 또 기도하며 나를 이끌어 준 하나님의 사랑을 아이에게 똑같이 행하려고 노력했다. 아이의 발달을 따라가며, 필요한 지식은 적절히 넣어주고 채우지 못한 간격은 다양한 경험과 체험으로 채워갔다. 그 여정 속 이야기를 시작한다.

—
나이지리아에서 한달 간 매일 함께 뒹굴던 친구들과 함께.
환경이 다르고 피부색이 다르니 쉽게 친해지기 어렵지 않을까 하는 우려가 무색하게도,
아이들은 부여잡은 손 만큼이나 서로를 아껴주었다. 순수한 마음은 어디에서나 통하는
법이다.

— 2장 —

2년 연속 낙제생 아들, UC Berkeley에 합격하다

어둠 속에서도 빛나는 희망

그때는 미처 몰랐다. 죽고 싶었고 도망쳐야 했던 인생의 끝이라 생각한 시간이 새로운 시작이자 출발 지점이 되었다는 사실을. 평범한 유년시절을 보내게 해 주지 못해 늘 미안하고 가슴 아팠던 아들의 어린 시절 경험들이 오히려 평범하지 않았기 때문에 특별한 스토리의 재료가 되었다는 사실을. 그 경험들이 꿈을 키우고 세계를 품으며 유능하게 성장할 첫 시작이자 단단한 싹이 될 줄은. 그때는 정말 몰랐다. 15년이 흘러 같은 공간에서 아름답게 추억하며 지난 여정을 글로 엮게 되는 날이 올 줄은.

5

절망 속에서 희망을 본다는 것은

2007년 4월 5일. 만 서른 살이 갓 된 나는 일곱 살 아들과 한국을 떠나기 위해 인천국제공항에 도착했다. 부모님께 눈물을 보이지 않기 위해 부단히도 애쓰는 동안 뭘 잘못해 이혼한 싱글맘으로 우리나라를 도망치듯 떠나야 하는지 도무지 이해되지 않았다. 아들을 위해 가정만큼은 꼭 지키고 싶었던 간절함과는 달리 모든 상황은 최악으로 치달았다. 어떤 결정도 스스로 내릴 수 없이 무기력해진 딸을 대신해, 아직 젊으니 이쯤에서 그만하고 새로운 인생을 살라는 부모님의 결단이 당시엔 원망스럽기까지 했다. 시달림으로부터 벗어나 머리라도 식히고 오라는 격려는 하나도 귀에 들어오지 않았다. 염려와 두려움만이 밀려왔다. 해외에 나가게 되어 좋겠다는 친구의 말도 있었지만, 아무런 설렘도 의지도 없이 이제부터 혼자 아들을 어떻게 키우나에 대한 막막함과 불안함만이 나를 압도했다.

그냥 남들처럼 살던 가정이었는데, 왜 다섯 살부터 아빠를 가끔 보게 되었는지 왜 자신을 계속 보러 오지 않는지 이상하게도 아들은 묻지 않았다. 다만 왜 엄마랑만 미국에 가느냐고 묻는 아들에게 "우리, 영어 잘해서 돌아오려고"라고 짧게 대답했던 기억이 난다. 그 대답은, 주변 사람들에게는 남편은 두고 아이와 영어 공부를 위해 미국 가는 것으로 포장된 그럴듯한 명분이기도 했고, 다시 한국 땅을 밟을 때는 좀 더 당당해지고 싶은 바람이기도 했다. 지금도 '앞으로 울지 않기'라고 파일명을 적어놓았던 그때 그 사진을 가끔 볼 때면 끝이고 도망이라 생각했던 낯선 땅으로 떠남에 두려워하던 기억이 떠오른다. 전혀 예상치 못한 새로운 세상이 펼쳐질 것과 엄마로서, 또 한 여성으로서 홀로서기 하는 아주 특별한 순간들이 이어질 거라고는 꿈에도 생각하지 못했던 순간이었다.

처음 밟는 미국, 하와이에서, 순탄하지 않은 적응 과정이 시작되었다. 젊은 싱글맘의 미국 입국은 여러 오해를 불러와 거절될 수 있다는 두려움을 안고 도착한 카일루아 코나(Kailua-Kona) 국제공항에서 입국 절차를 밟으며 First name(이름)과 Last name(성)의 뜻을 정확히 몰라 처음(First)에 성을 적은 것을 시작으로, 모든 과정이 낯설고 어려웠다.

3개월간 영어도 배울 겸 ESL(English as a Second Language) 코스를 하러 간다는 것 외에 지낼 곳이 어떤 단체인지 얼마간은 궁금하지도 않았고 그곳의 자연, 사람, 프로그램 등도 전혀 눈에 들어오지 않았다. 교회 목사님의 권유로 가게 된 최종 목적지는 현재 세계 160개 국가에 600여 개의 캠퍼스가 있는 열방대학교(University of the Nations)라는 기독교 대학의 메인 캠퍼스이자 예수전도단(Youth With A Mission)이라는 국제 선교단체의 본부였다. 혹여나 누가 알아볼까 봐 모자와 안경으로 얼굴 반을 가리고 한국 이름을 숨긴 채 영어 실력도 미국 생활 경험도 없던 나에게, 아이와 생활하는 모든 일상이 두려움과 긴장의 연속이었다. 싱글맘과 아들이 함께 온 미국인 두 가정과 한 방을 사용하게 되면서, 어느 침대를 사용할지에서부터 방에서 컵라면은 먹어도 되는지 그리고 하나뿐인 화장실은 어떤 순서로 사용하며 청소는 어떻게 나눠서 하는지 등 하나부터 열까지 의사소통하느라 무척 애를 먹었다.

단어 하나 내뱉는 게 너무 스트레스인 엄마에 반해, 아들은 동갑내기 룸메이트와 말이 필요 없는 레고를 함께 하며 어느새 친구가 되어 그나마 안심이 되었다. 그러나 도착한 지 일주일쯤 되었던가. 건널목 없는 도로에서 아들이 내 손을 갑자기 놓고 길을 건너다 내리막길을 달리던 차의 사이드미러에 머리를 부딪치는 사고가 일어났다. 순식간에 일어난 일이었다. 본능적으로 감았던 눈을 뜨니 차의 사이드미러는 박살 나 있고 아이는 울면서 땅바닥에 주저앉아 있었다. 단 1초라도 먼저 부딪혔다면 대형 사고가 날 뻔했지만 정말 다행히도 큰 외상은 없었으니 얼마나 가슴을 쓸어내렸는지 모른다.

사고 보험 처리가 마무리되어 가던 몇 주 후에는, 아토피도 아닌 원인을 모르겠는 발진이 아들의 얼굴과 온몸을 뒤덮었다. 못 긁게 하느라 고생했는데, 알고 보니 그때껏 듣지도 보지도 못했던 망고 알레르기 때문이었다. 두 번이나 걸리는 바람에, 아들의 별명이 '망고 알러지'가 될 정도였다. 낯선 곳에서 이런 저런 사고가 겹치니 내 마음엔 우울증에 화병까지 더해질 지경이었다. 한국에서도 편한 마음으로 갈 수 없던 경찰서와 병원 등을 드나들며 주위 도움을 받아 아이를 돌보는 동안 왜 낯선 나라에 도망 와서 이런 고생까지 해야 할까라는 생각이 들며, 마음은 무너졌고 양육에 대한 부담감은 커져만 갔다.

그 부담감은 아들을 학교에 보내는 과정에서 더 커졌다. 캠퍼스 내에 있는 학교에 입학할 수 있는 자리가 없었다. 어쩔 수 없이 이제 막 만 6세 된 아이를 캠퍼스 밖 공립학교(Public School)에 보내야 했다. 몇 달간 아침 6시 반마다 안 가겠다고 우는 아이를 등에 업고 10여 분을 내려가 겨우 셔틀버스에 태워 등교시키는 일을 반복했다. 한참이 지나 그때 나빠진 허리 건강이 속상한 것보다 아들이 이른 아침마다 마주해야 했을 셔틀버스와 학교, 선생님과 학생들, 그리고 영어에 대한 공포가 얼마나 컸을지 깨닫고는 정말 마음이 아팠다. 아들이 자란 뒤 사과하기는 했지만, 당시엔 다른 대안을 찾기도 불가능했거니와 부끄럽게도 아이 마음을 돌아볼 성숙함이나 마음의 여유가 전혀 없었다.

한국으로 돌아가기도 싫거니와 돌아갈 수도 없어 어떻게든 맞닥뜨리는 상황을 주위 도움으로 해결해 갔던 시간은, 앞으로 아들을 키우며 부딪혀 갈 진짜 세상을 하나씩 연습하며 강해져야 하는 고된 훈련의 시간이었다. 그건 영어를 배우는 것에서도 마찬가지였다. 수업료를 내고 한국인이 대부분인 ESL 코스에서 책으로 익히는 영어보다 학교, 경찰서, 병원, 은행 등에서 맨땅에 헤딩하듯 주고받는 대화를 통해 생생한 생활언어를 하나씩 습득해 갈 수 있었다.

아들과 관련한 크고 작은 사건 사고들을 겪으며 시간은 흘러갔다. 점차 생활에 적응해 가는 동안, 처음에는 전혀 감흥이 없던 하와이의 아름다운 자연과 세계에서 온 사람들 그리고 운영되는 독특한 프로그램들이 하나둘 눈에 보이기 시작했다. 지상의 낙원이라 불리는 곳이니 하늘, 바다, 산, 나무 등 천혜의 자연은 다른 말이 필요 없었다. 아들은 반얀트리 나무를 기어오르고 지구상에서 볼 수 있는 가장 많은 별을 하늘 가장 밑자락에서 가까이 보는 등 대자연 속에서 커가고 있었고, 나 또한 위대한 자연이 주는 힐링을 조금씩 경험해 가며 어느덧 우울증약을 복용하지 않고도 차츰 정상적인 생활을 할 수 있게 되었다.

새 학기가 시작될 때마다 세계 여러 나라 사람이 학생과 간사 (Staff)로 모여들었다. 처음 환영의 밤 행사 때 40여 국가에서 온 사람들이 마치 올림픽 개회식을 하듯 국기를 흔들고 입장하며 새 학기를 축하했던 놀라운 감동은 아직도 잊지 못한다. 경험치가 동남아를 크게 벗어나지 못했던 엄마와는 달리 7살 아들이 경험하기 시작한 세상은 작은 세계였다. 미국, 영국, 케냐, 일본, 인도, 사모아 등 여러 나라 아이와 매일 같이 뛰어놀며 편견 없이 다양한 문화를 경험하고 허물없이 친구가 되어갔다. 독특한 프로그램 또한 기존 경험과 가치관을 뛰어넘는 것이었다. 선교와 구제 등과 관련한 다양한 교육 과정을 훈련받고 배운 것을 실천하고자 세계 여러 나라로 흩어져 아웃리치(outreach:지역사회나 단체의 봉사활동)하기 위해 매 학기 전 세계에서 수백 명의 사람이 모여들었다. 게다가 학교 운영을 위해 일하는 간사들은 월급을 전혀 받지 않을 뿐 아니라 오히려 숙식비 등 비용 일체를 내고 자비를 들여 봉사하고 있었다.

처음엔 누군가를 돕는 삶을 살고자 자신의 시간과 돈을 쓴다는 게 과연 가능한 것인지 이해가 가지 않았지만 그들의 진실된 모습은 잔잔한 감동으로 다가왔다. 한국에서 이런저런 송사를 겪으며 마음이 강퍅해지고 사람을 신뢰하지 못하던 나로서는 이타적인 삶을 살기 위해 애쓰는 이들에게서 많은 위로와 도전을 받게 되었다. 그리고 무엇보다 어떤 가치관으로 아들을 키워야 할지에 대해 조금씩 고민하는 날이 늘어가기 시작했다.

6

선행학습보다 중요한
경험의 가치

3개월의 ESL 과정이 끝나가는 동안 여전히 한국으로 돌아가기 싫은 만큼, 이 특별한 곳의 생활이 좋아지기 시작했다. 한국을 떠나기 전 다짐처럼 영어를 잘하려면 아직 많이 먼 데다 이곳의 필수 교육 과정인 DTS(Discipleship Training School)라는 제자훈련 프로그램에 참여하고 싶어졌다. 학교마다 훈련 방식이 조금씩 달라 공연예술(Performing Art), 중국(China), 사진(Photogenic), 인권(Justice) 등 주제에 따라 영어나 이중언어(영어-한국어) 학교가 시작된다고 했다. 당시 여전히 한국인 기피증이 있던 터라 용감하게도 영어 학교를 선택했는데, 그중에서도 과연 하나님은 공정하신가에 대한 용감한(?) 의문이 들어 정의와 인권 이슈를 다루는 Justice DTS 로 결정하게 되었다.

ESL과는 강의뿐 아니라 대화 수준도 차원이 다른지라 절반 이상 못 알아듣는 데다가 워낙 내성적인 성격에 자기 생각을 끊임없이 말로 표현하는 외국 학생들에게 주눅이 든 채 존재감 없이 앉아있기 마련이었다. 그러나 동시에 부정의 하게 일어나고 있는 전쟁, 인신매매, 매춘, 고아 등의 실태를 배우고 인권을 박탈당한 약자를 어떻게 도울지 토론하는 시간을 통해, 그동안 전혀 몰랐고 관심 밖에 두었던 전 세계에서 벌어지는 구조적인 불공정함에 눈을 뜨게 되는 계기가 되었다.

3개월의 강의 기간이 끝나갈 즈음 해외 아웃리치를 앞두고 조별로 흩어지게 될 국가를 정하게 되는데, 우리 조는 북아일랜드와 나이지리아에서 한 달씩 지내는 것으로 결정되었다. 7살 아이를 데리고 한 달간 아프리카에서 살아야 한다니 또 다른 걱정이 밀려왔다. 아프리카라니. 여기 생활도 힘들었는데, 아프리카 생활은 육체적 힘듦이 훨씬 더해지는 고된 나날의 연속이 될 것임이 분명했기 때문이었다.

말라리아와 장티푸스, 황열, A형/B형 간염 등 여러 예방주사를 맞고 2개월의 전도 여행 및 봉사활동을 떠났다. 예산을 최소한으로 사용하는 팀 여행이기에 나라 간 24시간씩 걸리는 건 흔한 일이었고 침낭에 의지해 단체로 공항 바닥에서 노숙하기도 했다. 아들을 챙기며 세 개의 여행용 가방을 끌고 수없이 전철이나 버스를 갈아탔다. 때로는 한 시간 이상을 걸으며 이동은 계속되었다.

영국에서의 아웃리치 단체교육 후 도착한 북아일랜드는 20여 년간 인종과 종교 갈등으로 내전의 아픔을 지닌 나라여서인지 삭막하고 우울한 느낌을 지울 수 없었다. 곳곳의 도시 분위기와 사람들 표정은 어두웠다. 그 분위기에 취하기보다, 아동 보호소에서 아이들을 돌보고 거리 환경 미화와 교회 주일학교 봉사 등을 하면서, 유혈 분쟁 끝 폐허가 되어버린 곳에서 사는 상처 입은 사람들에게, 나와 팀원들은 할 수 있는 작은 사랑과 돌봄을 전하기 시작했다. 그리고 그 모든 순간에 아들은 그들과 함께했다. 우리나라와 비슷하게 민족 간 양쪽으로 갈라진 역사를 이해했고, 누구에게나 어려움은 있으며 세상에는 여러 모양의 아픔과 깨어짐이 있지만 내가 할 수 있는 작은 것으로 도울 때 행복할 수 있다는 것을 배워가고 있었다.

한 달 뒤 나이지리아 수도인 아부자(Abuja)에서 차로 5시간 정도 더 걸리는 조스(Jos) 지역의 시골 마을에서 4주간 머물렀다. 6명의 20, 30대 미국인 팀원들과 함께 쥐가 다니는 방에서 같이 생활하며 밤이면 전기가 없어 칠흑같이 깜깜해지는 일상이 처음엔 무척 무섭게 느껴졌다. 마실 수 있는 깨끗한 물도 여의치 않아 몇십 미터 깊은 우물에서 직접 길어 끓여야 했는데, 창문이 뻥 뚫린 화장실에서 불순물과 벌레가 둥둥 떠다니는 찬 우물물로 샤워하고 머리를 감는 건 정말 고역이었다. 아들은 이 경험 때문에 지루 피부염으로 인한 원형탈모로 몇 년간 고생했을 정도였다.

우리가 봉사했던 보육원이나 학교, 매춘 여성 재활훈련소 같은 곳들을 다니며, 과연 21세기에 이런 곳에서 삶을 영위해 갈 수 있는지 매일 의문이 들 정도였다. 동시에, 이들은 개인의 노력이나 선택으로 상황을 바꿀 수도 없는, 어쩌면 앞으로도 쉽게 바뀌지 않을 구조적인 부당함에 놓여있다는 것도 깨달았다. 후진국에서, 여자로, 아이로 태어났다는 이유만으로 먹고 마시고 교육받고 안전하게 살아야할 기본 권리가 박탈당했으니 말이다. 교과서와 뉴스에서만 보던 불공정함과 비정의를 직접 눈으로 보면서, 내가 겪은 일들이 가장 불쌍하다고 여겼던 마음과, 그들의 가난은 어쩔 수 없는 것으로 생각했던 자기 연민에 가까운 좁은 생각들이 조금씩 바뀌기 시작했다.

지금 생각해도 아들에게 가장 고마운 것은, 아들은 늘 밝고 즐겁고 씩씩했다. 매일 맨발로 돌산을 뛰어다니고 염소를 몰며 여전한 골목대장 노릇을 했다. 그러면서 공평하지만은 않은 세상의 모습을 직접 보며 그 이유를 궁금해하기 시작했다. 친구들이 공책이 없어 찢어진 종이에 더하기를 배우고 한글이 쓰인 낡은 가방과 옷을 입고 다니는 이유를 내게 물으며 속상해했다. 아빠 엄마들이 일할 곳이 없으니 아무것도 살 수가 없어서, 한국 학생들이 사용하던 학용품과 옷을 보내준다고 알려주었더니 북아일랜드 때처럼 자기 장난감과 옷을 떠날 때 다 주고 싶다며 자신이 도울 수 있는 역할을 고민하기 시작했다.

지금도 한 번씩 어린 아들을 데리고 아프리카에 무사히 다녀왔다는 사실이 새삼 신기할 때가 있다. 돈을 주고도 살 수 없는 이 귀한 경험은 아무리 지구 끝 험난한 곳에서도 아이를 잘 키울 수 있다는 의지를 다지게 했다. 아들에게는 또한, 경험하는 세계의 폭을 최대한 넓게 확장하고 어떤 환경에도 적응하며 즐겁게 생활할 수 있다는 큰 경험이 되어 주었음에 감사한다.

아이가 원래 사회성이 좋아서 적응을 잘한 것이 아니냐는 질문을 받은 적이 있다. 단연코 그렇지 않다고 말할 수 있다. 누구나 새로운 환경 속에서, 어느 나라 어떤 사람들과도 친구가 될 수 있다는 경험을 하게 된다면, 어떤 환경에도 적응할 수 있는 역량이 자연스레 커질 수 있기 때문이다. 사회성은 그렇게 길러지는 것이다. 아이의 경험을 통해 형성된 사회성은 아이가 친구들 간에 리더십을 발휘하는 좋은 토대가 되었으며, 누구와도 격의 없이 관계할 수 있는 자신감의 밑바탕이 되어 주었다. 그 나이에 쉽게 할 수 없었던 값진 경험은 차별화의 시작이 되어 어떠한 선행학습으로도 이길 수 없는 자신만의 무기가 되어주었음을 입시 결과를 보고 확신하게 되었다.

남들처럼 공부를 못해도, 공부에 관련된 스펙을 쌓지 못해도 자연과 친구와 놀며 세상을 누빈 경험으로 독특한 스토리를 쌓아갈 수 있었고, 그것이 아이가 미 명문 대학에 합격할 수 있는 핵심이었음을 나와 아이 모두가 인정하고 있다. 누가 가르쳐 주지 않아도, 수많은 경험과 체험을 통해 인내와 자존감, 도전, 정의 등의 인생을 헤쳐 나갈 수 있는 가치들을 배웠으며, 세상에서 일어나는 일들에 어떻게 이바지할 수 있는지를 직접 고민하는 계기를 갖게 되었으니 말이다.

뒤에서 자세히 이야기하겠지만 아들은 이미 8살 때 아메리카, 유럽, 아프리카, 아시아, 오세아니아 대륙 나라를 경험하며 다양한 문화의 사람들과 교류했다. 아들이 알게 된 세상은 학원이나 문제집으로만 알 수 있는 일차원적이고 좁은 공간이 아니라 지구본을 돌려가며 대륙마다 특징을 이야기하고 엄마와 가보고 싶은 나라를 생각하는 살아 움직이는 넓은 세계였다. '아는 만큼 보인다'는 말처럼 세상을 실제로 경험한 만큼 이후 더 넓은 선택을 하고 더 넓은 세계로 나가는 것에 주저함이 없는 아이로 커갔다. 그리고 그 넓어진 세계관만큼 자신이 처한 위치에서 어떻게 다른 사람을 도울 수 있는지에 대해 고민하는 아이로 커 갔다. 이 세상에는 자신의 선택과 상관없이 힘든 삶을 살아가는 이들이 훨씬 많다는 것을 그리고 엄마와 자신이 처한 현실이 평범하지는 않아도 충분히 행복하다는 것을 다양한 경험으로 깨닫게 되었다.

　가장 영향력 있는 종교 지도자 중 한 명인 이찬수 목사는 '무엇을 보느냐와 어디까지 보느냐가 그 사람을 결정한다'고 했다. 아이를 키우고 보니 어려서부터 경험하는 폭이 세상과 사람을 이해하는 세계관과 가치관을 만들며, 어느 곳에 발을 딛고 어디에 시선이 머무느냐에 따라 남다른 미래를 위한 기초가 만들어진다는 것을 깨달았다. 그 경험이 비록 쉽고 편한 것이 아니라 할지라도 엄마와 함께 만들어 가는 것이기에 아이들은 행복할 테다. 어린 시절 행복한 경험과 추억들이 아이의 단단한 마음가짐과 생각을 만들고, 공부해야 하는 이유를 발견한다. 그리고 그 모든 경험은 자신만의 길을 찾는 유능함의 반석이 됨은 당연한 결과다.

7

가장 어두운 곳에서
가장 밝게 빛나는 보석

부모 교육을 받았을 때의 일이다. '부모란 무엇인가'라는 강사의 질문에, 나는 '온전한 성인으로 성장하도록 품어주는 존재다'라는 답을 했다. 다른 엄마들에게서도 '그 범위를 정해주면 마음껏 자유로울 수 있고 언제든지 지쳐서 돌아와 쉴 수 있는 집이다', '베이스캠프다' 등 의미를 곱씹게 되는 답변들이 여럿 나왔다. 그중에서도 누군가 말한 '부모는 보석 세공사다'라는 표현은 오래도록 마음에 남았다.

그렇다. 아이들은 저마다 원석이기에 처음엔 돌과 다를 바 없이 볼품없어 보인다. 그러나 돌이 아닌 원석으로 바라봐 주고 그 원석에 맞게 다듬어 갈 때 저마다의 색깔로 빛날 수 있다. 루비, 사파이어, 다이아몬드 등 다른 아이와 구별되는 고유의 빛깔과 정체성을 가지고 태어나지만 어릴 때는 그 원석이 어떤 보석이 될지 아직 모를 뿐이다. 만약 내 아이의 원석이 다이아몬드라면, 그것을 다듬고 또 다듬어 가장 가치 있는 블랙 다이아몬드를 만들어 가는 과정. 그것이야말로 가장 고되지만 가장 보람 있는 부모 역할이다.

나는 만물의 영장인 사람이 원숭이로부터 또 멀리는 아메바로부터 진화되었다고 믿지 않는다. 더군다나 수백만 년 전 있었던 우주 대폭발로 우연히 생긴 존재라고도 절대 믿지 않는다. 우리가 한낱 원숭이에서 진화된 존재라면 너무 힘 빠지고 무가치해 보이지 않는가. 수학의 미적분학과 물리학의 만유인력 법칙 등을 만들어 낸 위대한 과학자인 아이작 뉴턴은 '우주의 모든 다양한 창조물들과 생명체에서 보이는 질서는 창조주의 의도에 의해서만 생겨날 수 있다'고 이야기했다. 이 세상을 아름답게 만든 창조주가 전능한 자신의 형상을 따라 만물의 영장인 사람을 만들었을 때는 저마다의 고유한 목적으로 세상에 태어나게 한 이유가 분명히 있다고 믿는다.

존재 목적과도 같은 정체성, 재능, 성격, 기질, 흥미, 소명 등을 포함하는 오리지널 디자인을 찾아가고 원석의 가치를 발견하도록 돕는 것이 부모들에게 맡겨진 사명이라고 생각한다. 성경에는 '사람을 신묘막측하게 지었다'라는 표현이 나오는데, 한자어인 '신묘막측'보다는 'Fearfully and Wonderfully made'라는 영어의 쉬운 표현이 훨씬 마음에 와닿는다. 우리가 모두 얼마나 경이롭고 위대하게 만들어졌다는 말인가. 그런 아이를 내 소유물인 양 남들처럼 해야 한다고, 세상이 그러하다고, 자기다움을 짓누른 채 똑같이 키우는 건 부모로서 엄청난 수고를 하면서도 가성비가 떨어지는 그야말로 힘이 빠지는 일이다.

내 인생의 가장 힘든 순간이었지만, 쉽게 하지 못할 특별한 경험을 한 뒤 아이가 가진 원석이 무엇인지 엄마로서 기도하고 노력하며 찾아가는 여정을 다시 시작해야 했다. 한국을 떠날 때는 전혀 예상하지 못했던 넓은 세계와 여러 문화를 경험하고 2년 반 만인 2009년 중순 한국으로 돌아왔다. 당시 아들은 미국에 간 지 만 3개월 만에 원어민에 가까운 영어 발음과 말하기 실력을 갖추게 되었다. 그런데, 영어를 말하는 데 있어서는 미국인 성인과 대화해도 전혀 막힘이 없는 아이였지만 한국식 영어교육에서 중시하는 읽기(Reading)와 쓰기(Writing) 레벨은 아주 형편없었다. 한글과 영어 모두 글자 자체를 이해하는 게 늦은 편이었는데, 문자 자체에 대한 관심이 늦게 생겼다는 의미와도 같을 것이다.

가족 중에 영어로 대화해 줄 사람이 없다 보니 실력을 유지해 주고자 일주일에 두 번 학원을 보냈는데, 낮은 읽기와 쓰기 수준을 단점으로 지적당하곤 했다. 하지만 나는 아이를 지적하지 않았다. 도리어 그런 피드백에 주눅 들지 않도록, 말 잘하는 유능함은 격려하고 읽기와 쓰기 실력을 늘려야 한다는 스트레스를 주지 않으려고 노력했다. 아직 관심과 흥미가 없는데 글자와 텍스트에 관한 공부를 시키는 것은 아이의 마음을 무시하는 처사 같았기 때문이었다.

영어 읽기나 쓰기와 마찬가지로 학교 공부 또한 아들에게 즐거움을 주지는 못했다. 학교 끝나면 책가방을 집어 던지고 놀기에 바빴고 친구의 집을 드나들며 게임과 오락하기를 즐겼다. 그러던 중 하루는 친구와 싸우고 너무 속상한 얼굴로 들어왔는데, "너는 아빠가 버려서 집에도 안 오잖아"라는 말을 들었다고 했다. 집안 사정에 대해 군이 엄마들에게 이야기하지 않았는데, 집을 드나들던 친구한테서 가슴 아픈 소리를 듣게 된 것이다. 사내아이들의 생각 없는 거친 말 쯤으로 생각하려 했지만, 그 상처는 쉽사리 없어지지 않아 꽤 오랜 시간 마음을 힘들게 했다.

부모의 잘못으로 인해 아이가 주눅 들어 살게 하고 싶지 않았지만, 당시엔 다른 대안이 없었다. 한동안 매일 의기소침해 학교를 향하는 아이에게 미안한 마음이 가득했다. 속상한 마음에 집안 환경이 노출되지 않는 기숙학교나 해외로 유학 보내면 좋겠다는 생각이 막연히 들었지만, 아이가 집 대신 보내게 될 학교인데 아무 기숙학교에 보낼 수도 없거니와 어린아이를 혼자 해외로 유학 보낼 수도 없는 노릇이었다.

원하는 대로 이루어지기를 바라는 모든 것에는 때가 있고 그 시간을 인내하며 기다려야 하는 법이다. 어서 빨리 아이가 상처받지 않는 새로운 환경을 만들어 주고 싶은 마음에 조급해지기도 했지만 달리 대안도 없어 매일 새벽마다 울며 기도했다. 그 시간에 흘리는 눈물은 싱글맘으로 한국 땅에서 살아가며 어디에도 표현할 길 없던 고단함의 눈물이자 힘듦과 편견에 맞서며 아빠 없이 아들을 어떻게 잘 키워야 할지 모르겠는 답답함의 눈물이었다. 아빠 없는 아이라고 친구가 놀리는 것에 대한 대안을 알려달라고 떼쓰듯이 기도했지만 좋은 곳으로 인도되기를 기다려야 한다는 울림만이 돌아왔다.

이끌어 달라는 기도는 조급해서는 안 된다. 아무리 간절한 기도라도 그 기도가 이루어지는 때가 있다. 1년 반 정도의 시간이 흘렀을까. 한편으로는 그 기도가 지쳐가고 있을 때 즈음이었다. 어느 날 집에 왔는데, 부모님께서 신문 광고 하나를 보여주셨다. 해외 유학 수요를 흡수하고 글로벌 인재를 양성하기 위해 국가 지원의 국제학교가 제주도에 생긴다는 광고였다. 순간 전율이 느껴졌다. 오랫동안 기다리면서 가장 좋은 곳으로 인도되기를 바라던 마음의 소원이 드디어 이루어지는 시간대가 온 것 같았다. 아들이 순수하게 바라던 하와이 같은 자연환경, 국내에 있어 언제든 함께할 수 있는 거리, 무엇보다 부모가 있는 아이든 없는 아이든 주눅 들지 않고 마음 편히 생활할 수 있는 환경이니 바라고 상상하던 것 이상이었다. 아들에게 말하니, 모처럼 좋아하며 도전하기를 원했고, 평소의 스피킹 실력을 발휘하며 그간의 아웃리치 사진을 포트폴리오로 만들어 4단계에 걸친 전형을 차근히 통과했고, 최종 당당히 합격하게 되었다.

신설된 첫해라 허허벌판 한가운데 인프라가 잘 갖춰있지 않았지만, 경쟁을 부추기지 않는 학교 분위기가 마음에 들었다. 결코 아이가 영어를 더 잘하게 하기 위한 바람으로 전학시키지 않았다. 대신 자유롭고 마음이 편한 학교생활을 위한 바람뿐이었다. 결과적으로 그 결정은 시기적절했고, 아이의 사회성과 언어의 강점은 그곳에서 더 빛나게 되었다.

부모 역할이 처음인 엄마가 첫 아이인 인격체를 가장 그 아이답게 만들어 가는 과정은 많은 인내를 요구하는 시행착오의 연속이었다. 주변 분위기에 휩쓸리거나 남들이 당연하다는 것에 마음 쏠림을 막기 위해 언제나 간절히 기도해야 했다. 다른 방향으로 쏠리는 마음을 다시 이끌어 달라고 기도해야 했다. 다시 돌아온 마음을 붙들고 지나친 학업 스트레스 없이 아이가 잘하는 걸 계발시켜 주기 위해 엄마 스스로도 노력하고 공부해야 했다. 글을 쓰며 아이가 가장 행복하게 자신을 만들어 갈 수 있는 환경을 마련해주기 위해 부단히 노력하며 지나온 모든 과정을 돌아본다. 보석은 가장 어두운 곳에서 가장 밝게 빛나듯이 내 아이의 원석을 보석으로 빚어가는 시간은 더디고 어두웠지만 꼭 필요한 시간이었음이 분명하다.

8

함께 있되 거리를 두라

새로운 학교에서 즐겁고 건강하게 제주도의 삶을 즐기도록 하는 것이 당시 가장 큰 관심사였다. 그리고 몸으로 노는 걸 유달리 좋아하는 아이가 무엇을 좋아하고 어떤 분야에 흥미를 갖는지 지켜보면서 그 관심사를 계속 확장해 가도록 노력했다. 운동 신경이 거의 없는 나와 달리 아들은 모든 운동을 대체로 좋아하고 잘했다. 농구, 축구, 배구 등 거의 모든 구기 종목을 주전으로 뛸 만큼 잘했는데, 특히 야구를 너무 좋아한 나머지, 나중에 프로야구 선수가 되겠다며 학교 야구 클럽 외 주말과 방학에 지역 어린이 야구단에서 활동하기도 했다.

사내아이들이라면 다 그 정도는 잘하는 줄 알았던 5학년 어느 날의 일이다. 어린이 야구단 감독이 우리를 따로 부르더니 투수와 타자로 뛰어난 감각과 재능이 있다고 칭찬해 주었다. 그러면서 야구 명문이자 이승엽 선수 모교인 경복고등학교로 진학시켜 줄 테니 대구에서 훈련받고 프로 선수가 되지 않겠느냐고 진지하게 묻는 것이었다. 한편으로는 그만큼 재능이 있나 싶어 순간 솔깃하기도 했다. 그러나 동시에 자식을 운동선수로 키우는 것의 무게를 어렴풋이 알던 터라 바로 안 된다고 말하고 싶었다. 하지만, 나는 아들이 원하면 지원해 주겠다고 말했다.

야구선수를 간절히 꿈꾸어왔던 아들의 마음을 알던 터라 당연히 그리하겠다고 쉽게 대답할 줄 알았기 때문에 솔직히 마음이 조마조마했다. 그러나 잠시 혼자 고민하던 아들은 지금 장래 희망을 정해 버리면 지금껏 공부한 영어로 더 잘할 수 있는 무언가를 못 할 것 같다며, 야구를 너무 좋아하지만 프로 훈련은 받지 않겠다고 제법 어른스럽게 이야기하는 것이었다. 어찌 보면 오래 야구선수를 꿈꾸었던 게 맞나 싶을 정도로 그렇게도 되고 싶던 꿈을 평생 함께할 취미로 쉽게 방향을 튼 에피소드가 되었다. 하지만 아이가 미래 모습에 대해 신중히 생각해 보는 계기이자 나에게도 아이의 꿈을 존중할 의지가 있는지를 점검해 보는 중요한 첫 계기가 되었다.

당시 내가 아이에게 진로에 대한 결정을 묻게 된 이유는, 내게 대단한 교육 철학이 있었던 것이 아니라 그즈음 읽었던 진로 전문가의 책 내용이 기억나서였다. 아이가 되고 싶은 것이 있을 때 그것이 진로까지 연결되도록 하기 위해서는 고도의 훈련이나 어려움을 거뜬히 이겨낼 정도의 몰입을 할 수 있는 환경을 마련해주라는 내용이었다. 진짜 원하면 지원해 주겠다고 말했던 것은 야구 선수로 키워보겠다는 의지 표현이라기보다는 정말 원하는 것을 엄마로서 인정하고 관심 있으며 지지할 의사가 있다는 것을 느끼게 해주고 싶었다. 그리고 책의 내용처럼 꿈에 대한 아이의 의지나 몰입 정도를 테스트해 보고 싶은 마음이 컸기 때문이었다.

아들에게는 야구와 전혀 다른 분야로 좋아하는 관심 영역이 하나 더 있었는데, 그건 수학이었다. 아이가 수포자인 엄마를 닮지 않도록 수에 대한 재미를 잃지 않게 하려고 노력했던 기억이 있다. 아들이 5살 때로 기억하는데, 더하기의 개념을 알아가던 어느 날 분식집에서 천 원짜리 김밥을 먹고 더하는 법을 알려주었더니 정확히 계산을 해내는 것이었다. 산수의 재미를 느끼는 아이에게 조금씩 큰 수를 더하는 법도 알려 주었더니 이후 식당에 갈 때마다 밥값을 계산하라고 시키면 거의 안 틀리게 계산했고 아이는 가족들의 칭찬에 뿌듯해했다.

하와이에 있을 때는 학생들이 아웃리치 비용을 마련하기 위해 음식이나 물품 등을 판매하는 모금(Fundraising)을 보고 친구들과 망고나 아보카도를 주워서 자기들끼리 어른들을 흉내 내며 팔곤 했다. 재미로 하는 것이었지만 친구들과 판매할 물건과 금액을 정하고 계산과 정산에 이르기까지 어른들이 도와주지 않아도 자기들끼리 의

논하며 스스로 해냈다. 이러한 경험은 아이가 수학에 계속 흥미를 느끼고 경제 원리를 눈높이에 맞게 배우도록 한 좋은 체험이 되었으며, 다른 공부는 별로 관심 없어도 수학은 좋아하고 잘한다는 지속적인 흥미와 자신감으로 발전했다.

야구와 수학. 어찌 보면 별로 상관없는 두 분야가 아닌가. 최소한 내 얕은 경험치로는 그렇다. 그런데 그게 아니었음을 알게 될 뿐 아니라 아이의 흥미와 재능의 불씨를 꺼뜨리지 않았던 것이 어떻게 더 큰 꿈으로 나아갈 수 있는지 알게 된 계기가 있었다. 아이의 꿈을 계속 탐색하던 고등학교 1학년 때쯤이었던 걸로 기억한다. 우연히 대학 동문 신문에서 '세이버메트릭스(Sabermetrics)'라는 처음 알게 된 분야의 전문가 인터뷰 기사를 읽게 되었다. 야구 확률을 통계적으로 그리고 수학적으로 분석해 타율 등을 높이는 것으로 우리나라에는 당시 생소한 분야였지만 알고 보니 미국 메이저리그에서는 이미 유명하고 유망한 분야였다. 거기에다 야구의 스포츠 원리를 잘 알 뿐 아니라 수학과 통계를 모두 잘해야만 가능한 전문 분야였다.

아들에게 기사를 보여줬더니 큰 관심을 보이기 시작했다. 자신이 잘하는 수학으로 통계를 배워 좋아하는 야구의 승률을 높일 수 있다니 너무 신나는 모양이었다. 내친김에 연락처를 수소문해 그 전문가가 근무하는 회사에서 인턴을 하거나 배우고 싶다고 이메일을 보냈다. 여러 번 연락했으나 안타깝게도 회신은 오지 않았고 관련 기고 문을 쓴 대학교수에게서도 역시 아무런 회신을 받지 못했다. 아들은 연락을 기다리는 동안 어떻게 우리나라에서 이 분야를 좀 더 알고 활성화할 수 있을까 고민하기 시작했다. 그리고 해외 기사가 대부분인 세이버메트릭스 관련 기사를 국내 야구 애호가들이 쉽게 읽을 수 있도록 기사를 번역해 공유하는 블로그를 운영하게 되었다. 자신이 좋아하는 야구와 수학을 활용하니 어려운 통계를 자발적으로 공부하게 되고, 잘하는 영어를 활용해 누군가에게 도움이 되는 활동을 하니 나중에 입시 포트폴리오로 사용하기에도 좋은 소재가 되어주었다. 이후 아들의 관심사는 또 다른 것으로 나타나기는 했지만, 모든 경험은 여러 분야로 녹아들어 아들만의 열정과 재능이 빛나도록 만드는 고유한 스토리로 발전되었다.

어릴 때부터 한 분야에 뛰어난 재능을 보이거나 되고 싶은 게 뚜렷한 아이라면 한 길로만 끌어주면 되니 꿈과 진로를 찾아가는 게 쉬울 수 있겠다. 그러나 평범하고 되고 싶은 것이 없거나 자주 바뀌는 아이일 경우는 쉽지 않다. 아들도 되고 싶은 것이 편의점 사장님에서 목사님으로, 야구 선수로, 통계 전문가로 수시로 바뀌었다. 그러나 그런 아이의 관심사와 재능을 관찰해 간다는 것 그리고 함께 아이만의 길을 찾아간다는 것은 부모로서 쉽지는 않지만 흥미진진한 일이었다.

전혀 다른 꿈도 중간에 등장했는데 그건 변호사였다. 중학교 1, 2학년 때 한동대학교에서 진행하는 청소년 캠프에 보내게 되었다. 엄마인 나는 그 나이 때 너무 내성적이어서 새로운 환경에 적응하고 사람들과 친해지는 게 불편하고 어려웠던 데 반해, 아들은 또래가 있기만 하다면 별로 힘들어하지 않았다. 3주간 숙박하며 팀 프로젝트로 모의 법정을 체험하면서, 직접 영어로 변론을 준비하고 판결문을 써 보았던 모양이다. 아들은 뭔가 어려움에 부닥친 사람 편에 서는 변호사 역할을 했다고 하는데, 유창한 영어 실력과 진심을 담은 변호 시연으로 최우수 변호인 상을 받았다.

이후 그때의 좋은 기억으로 변호사의 꿈을 키워갔다. 당시 속으로는 '그 성적으로는 로스쿨에 갈 수 없어'라는 엄마의 편협한 생각과 '혹시 가게 되더라도 돈도 많이 들어'라는 현실적인 두려움으로 그 꿈을 말리고 싶었던 게 사실이다. 하지만 이내 마음을 고쳐먹고, 아주 좋은 생각이라고 격려하며 정보도 찾고 관련된 책을 읽어보길 권했다. 꿈을 지지했던 이유는 뭐든지 해 보라는 단순한 희망을 불어넣고자 함이 아니라 아이의 성향 즉 사람들과 잘 어울리며 앞에 나서서 누군가를 설득하는 데 재능이 있는 성격적 특성이 잘 맞았기 때문이었다. 대학원 전공 탓에 진단검사들에 익숙하니 잡월드나 진로넷 같은 곳에서 아이의 성격검사나 진로 적성검사를 주기적으로 하면서 성향이 어떠한지를 객관적으로도 파악하려고 노력했다.

야구, 수학, 통계, 법 등 좋게 보면 관심 있는 분야가 다양하고 안 좋게 보면 특별히 잘하는 것 없이 상관없는 분야를 옮겨 다닌 것 같기도 하겠다. 아이의 꿈과 관심 분야는 이 외에도 다양했고 또 대학에서 뭘 공부해야 할지 몰랐던 적도 있으나 이 모든 과정은 아이의 성장과 꿈을 다듬어 가는 꼭 필요한 시간이었다. 다양한 분야 관심이 경험으로 이어지고 폭넓은 사고와 연결된 분야의 확장으로 이어진 것이 대학에서 더 공부하고 사회에 이바지하고 싶은 분야를 스스로 정하는 단단한 기초가 되어 주었음은 분명하다.

'함께 있되 거리를 두라'. 자녀 양육의 쉽지 않은 길에서 아이에게 욕심내고 있는 나를 발견할 때 가끔 되새긴 시의 제목이다. 이 유명한 시를 지은 세계적 문호가인 칼릴 지브란은 교육에 대해서도 '머릿속에 씨앗을 심어주는 것이 아니라 씨앗들이 자라나게 해 주는 것'이라는 명언을 남겼다. 다른 아이와 비교해서 혹은 부모가 원하는 씨앗을 억지로 자라게 하는 것이 아니라 아이 안에 이미 심긴 특별한 씨앗이 무엇인지 계속 관심을 기울여야 하는 존재. 그리고 물을 주고 바람과 햇볕이 들게 하는 모든 정성을 들여 결국엔 좋은 열매를 맺도록 도와주는 교육의 주체는 바로 부모여야 한다.

9

자극적이지 않은 공부 자극

아들의 관심사와 재능의 씨앗에 싹을 틔우도록 적절히 물을 주면서
도 마음의 거리를 두려는 노력은 스스로 생각해도 잘했던 것 같다.
그러나 공부와 학업 습관에 대한 부분은 다소 부끄러운 기억으로
남아있다. 아들이 제주도에서 생활할 때, 나는 30대 중반에 공공기
관 신입 공채로 입사해 한참 나이 많은 사원으로 회사에 적응하며
야근하기에 바빴다. 아들의 학교생활 이야기를 들을 때면, 학업에는
큰 관심이 없지만 교우 관계가 좋고 각종 스포츠에 재능을 보이며
즐겁게 생활하고 있음에 만족감이 컸다. 무엇보다 좋은 학교를 보냈
으니 알아서 잘 돌봐주겠거니 막연히 믿는 마음이 더 컸다.

달리 말하면 아들의 공부에는 솔직히 신경을 안 쓰고 있었다. 그
러던 와중 사건 하나가 터졌다. 5학년을 마치던 해 낙제한 성적표를

받아온 것이었다. 그나마 잘하던 수학만 최종 성적이 B 학점이었던 걸로 기억하고 나머지는 거의 C 아니면 D 학점을 받은 것이다. 솔직히 말하면 충격을 받았었지만, 이후 대책에 대한 생각이 없었다. 공부를 안 시켰으니 그럴 만한 거라 스스로 합리화하며, 아들로부터 열심히 하겠다는 막연한 다짐만을 받고는, 다시 잘 지도해 줄 학교를 믿으며 바쁜 내 생활로 돌아갔다.

그리고 그다음 해, 아들은 또다시 낙제한 성적표를 가져왔다. 전혀 예상하지 못한 결과였다. 정말 당황스러웠다. 왜냐하면 학교 규정상 2년 연속 낙제한 경우 한 학년을 유급하거나 다른 학교로 전학가야 한다는 이유 때문이었다. 너무 충격적이었고 창피했으며 부끄러웠다. 내 아들이 학교에서 정한 최소한의 학업 수준도 못 따라가고, 2년 연속 낙제생이라니. 그것도 나이와 학년에 맞는 공부를 따라갈 수 없어 한 학년을 낮춰 다시 배우거나 다른 학교로 강제 전학을 가야 한다니. 아이를 탓하기 전에 나 자신이 너무 한심했다. 도대체 그동안 뭘 하느라 이렇게 학교에서 함량 미달 평가를 받을 때까지 2년의 긴 세월 동안 심각성을 인지하지 못하고 손을 놓고 있었단 말인가. 아이가 아니라 엄마인 내가 함량 미달로 느껴졌다. 부모로 아무런 자격이 없는 것 같아 마음이 무너졌었다. 단순히 공부를 못한 게 문제가 아니라 아이의 상태를 전혀 모르고 최소한의 수준도 못 따라가도록 내버려 둔 나 자신이 너무 미웠다.

나에 대한 자책이 아들에게도 방향을 틀어 어쩔 줄 모르는 아이를 보며 화가 치밀어 올랐다. 며칠간 이 상황의 원인과 과정을 곰곰이 생각했다. 생각 끝에 아들이 너무 안쓰럽다는 마음이 들었다. 학교생활을 룰루랄라 즐기고 노느라 공부를 안 한 탓도 크겠지만 그간 엄마와 자신에게 일어난 변화에 혼란스러웠기 때문일 수 있겠다는 생각이 들기 시작했다. 당시 나는 재혼을 했었고, 임신한 상태였다. 엄마의 재혼과 새 아빠, 그리고 곧 태어날 동생까지. 새 아빠가 오랫동안 알고 지낸 좋은 사람인가와 상관없이 아들에게도 새로운 충격이었고 변화를 받아들일 준비가 필요했을 거였다. 그런 마음의 갈등이 부진한 학업 결과로 나타났겠다고 생각하니 도저히 아이에게 화를 낼 수가 없었고, 미안한 마음만 가득했다.

당시 아이에게 어떻게 반응해야 할까 고민하던 중 우연히 들은 김미경 강사의 일화가 생각났다. 그녀의 아들이 우여곡절 끝에 고등학교에서 자퇴했을 때 뒤집히는 속마음과 달리 '축 자퇴'라는 플래카드를 붙여놓고 격려했다는 이야기였다. 나중에 뛰어난 사람이 되었을 때 평범하게 성공한 사람보다 자퇴도 한 번쯤 해 본 드라마틱한 스토리가 더 멋있지 않겠냐며 아들을 격려했다는 일화가 생각났다. 당시에 역시 스타 강사 엄마라 다르다고 생각했던 기억이 나는데, 전혀 예상치 못했던 비슷한 상황이 나에게 생겨버린 것이다.

2장 _ 2년 연속 낙제생 아들, UC Berkeley에 합격하다 비록 '축 2년 연속 낙제'나 '축 유급'이라는 현수막은 못 걸어도 비슷한 얘기를 해보겠다고 마음먹었다. 최대한 차분하게 "이번 일을 가볍게 볼 수는 없지만, 실패했다고 생각하지 않았으면 좋겠어. 엄마가 화나는 건 주어진 기회에 최선을 다하지 않았다는 거지만 이 기회를 잘 활용하면 다시 시작할 수 있어. 훌륭한 사람이 되었을 때 뒤돌아보면 더 흥미진진한 스토리가 되어있을 수 있잖아. 그러니까 우리 한번, 반전 있는 드라마의 주인공이 되어보자"라고 말하며 다독였다. 돌이켜보면 아이를 비난하거나 화내지 않았기에 지금의 내가, 지금의 아들이 있었던 것 같다. 그리고 그때의 대화는 위기 상황을 기회로 바꿀 수 있는 시작점이 될 수 있었다.

그날을 기점으로 아이의 마음을 그리고 학업을 다시 정비해야 했다. 실패자의 시선으로 자신을 보지 않도록 하면서도 실패에서 교훈을 발견하도록 해야 했다. 나는 일부러 두 달간 대치동 입시 학원에 아이를 등록시켰다. 독서와 글쓰기를 동시에 할 수 있는 외고 준비반 원서강독 학원이었다. 어찌 보면 당장 부족한 학습 능력을 높이기에는 별 연관성 없는 듯했으나 또래 아이들이 얼마나 치열하게 학업에 매달리는지 그리고 영어 잘하는 아이들 또한 얼마나 많은지 생생히 느끼도록 하려는 의도였다. 아들은 소문으로만 듣던 대치동 학원가 분위기와 생각 이상의 많은 공부량을 어려서부터 기계처럼 해온 또래들의 모습에 적잖은 충격을 받은 듯했다. 그러면서 자신이 그동안 얼마나 주어진 기회를 가볍게 여겼으며 영어 실력 또한 여전히 부족한지 제대로 깨닫는 듯했다.

아들의 생각이 변화되는 틈을 타 처음으로 개인 과외를 하며 부족했던 영어와 수학의 기본기를 다지도록 했다. 당시 미국의 육사 과정 학교를 졸업 후 의대를 준비하는 똑똑하고 성실한 학생에게 기초부터 차근히 배우는 시간은 단순히 공부뿐 아니라 정신교육까지 받는 것 같은 유익한 시간이었다. 그러면서 집에서는 자기계발서를 읽도록 했다. 「폰더 씨의 위대한 하루」와 같은 쉽게 읽히면서도 교훈을 찾을 수 있는 책을 읽고 삶을 점검하도록 격려했다. 아들은 '공은 여기서 멈춘다. 나는 나의 과거와 미래에 대하여 총체적인 책임을 진다'와 같은 문구들을 가슴에 새기며 조금씩 철이 들어갔다.

나와 아이는 선택해야 했다. 유급을 받아들이고 한 학년 후배들과 다시 다니든지 아니면 다른 학교로 전학 가던지 말이다. 긴 이야기 끝에 후배들과 같은 학년을 또 다니는 건 죽어도 싫다는 아들의 뜻을 존중해 전학을 가는 것으로 최종 결정을 내렸다. 모든 짐을 싸서 서울로 올라오던 당시 기분은 마치 한국에서 도망치듯이 하와이로 떠나던 때와 비슷하게 참담했다. 다른 게 있다면 오랫동안 간절히 바란 뒤 선물처럼 얻은 소중한 기회를 엄마의 어리석음과 아들의 노력 부족으로 아깝게 날려버린 차이만 있을 뿐이었다. 그러나 이번에도 이 실패가 끝이 아니고 새로운 시작으로 바뀔 수 있기를 간절히 기도했다.

전학 갈 학교를 정하기 위해 정말 많은 기도와 고민을 했다. 일반 중학교에서부터 국제중학교, 여러 유형의 대안학교 등 전학할 수 있는 모든 종류의 학교를 찾고 상담받았다. 주위로부터 정말 다양한 조언을 받는 동안 여러 학교 상황에 아이를 적용해 보며 장단점을 비교 분석했다. 사실 일반중학교로 전학 가 정신 바짝 차리고 공부하면 어느 정도 따라잡을 수 있을 거란 조언을 가장 많이 들었다. 그러나 생각할수록 선행으로 중무장한 또래 속에서 그리고 모든 과목을 다 잘하는 게 당연한 분위기 속에서 과연 잘 버텨낼 수 있을까에 강한 의문이 들었다. 전혀 선행학습을 안 한 아들이 한참은 뒤떨어진 상태로 합류해 잘 따라갈 수 있을지 그리고 모든 과목을 잘해야만 학급에서 겨우 평균에 미칠 걸 생각하니 대다수가 해주는 조언에 전혀 확신이 없었다. 또다시 후발주자로 저만치 앞서가는 아이들을 헉헉대며 따라가도록 하기에는 아들이 너무 가여웠다. 강점은 묻어 두고 약점을 평균 수준으로 만들기 위해 지나친 노력을 기울여야 할 것이 분명해 보였다.

군이 전형적인 공립학교 모델이 아니더라도 오히려 작은 규모의 대안학교 형태가 부족한 학습을 보완하고 학교와 부모가 힘을 합쳐 아이를 도울 수 있을 것 같았다. 무엇이 최선일지 기도하던 중 결정적으로는 이런 마음이 들었다. 어릴 때부터 세계를 경험하고 어려운 환경 속에서 빨리 영어를 잘하게 된 데는 특별한 뜻과 목적이 있을 것 같다는 생각이 시간이 갈수록 또렷해졌다. 비록 또래보다 현재의 학업 수준은 뒤떨어지지만, 남들에게 없는 특별한 스토리와 경험 그리고 뛰어난 영어 실력이 있지 않은가. 오랜 고민 끝에 그 불씨를 꺼트리지 말고 잘 살려야겠다는 마음의 결심이 서기 시작했다.

우리는 어느 미인가 대안학교 전학을 결정했다. 큰 학교에서 무리 중의 평균을 만드는 한 명이 아닌 작은 학교에서 영어와 다른 강점들을 살려내고 더 개발시켜 줄 곳이라 판단이 되었다. 사실 국내 교육청에 인가도 받지 못하고 언제 없어질지 모르는 정식 학교도 아닌 곳을 선택한 것은 대단한 모험이었다. 규모가 크고 역사가 깊으며 인지도 높은 학교를 선택하는 일반적인 결정에 비하면 말이다. 그러나 중요한 결정 때마다 당장 눈앞이 아닌 멀리 내다보고 가치 있는 선택을 하기 위해 노력해 왔고, 특히 교육은 무엇보다 교사의 철학이 중요하다고 생각해 왔다. 그 기준으로 보면 어떤 곳은 학원인지 학교인지 잘 모르겠는 데다 교육자로서 아이들에 대한 애정이나 사명감이 전혀 느껴지지 않았다.

이름이 알려진 큰 학교에 다니다가 한 학년이 5명 정도인 학교에 들어간 아들은 처음엔 실망하고 자존심 상해하기도 했지만 고맙게도 특유의 사회성과 리더십으로 잘 적응해 갔다. 전학 과정에서 그나마 부족한 학업을 메꿔놓은 상태라 수업을 따라가는 데 큰 무리가 없었고, 소규모 학교에서 공부를 잘하는 아이로 차별화하기 시작했다. 원어민이라 해도 손색이 없을 만큼 영어를 잘하는 아이, 수학도 좋아하고 잘하는 아이, 다른 과목도 잘 따라가는 아이로 노력하는 동안 조금씩 결과는 성적으로 나타나기 시작했다. 초반에는 마치 초등학생처럼 학교 다녀오면 붙들고 앉아 그날 배운 내용을 설명하도록 요구할 만큼 이전 학교와는 다른 학업의 자신감을 경험하도록 나부터 노력해 갔다.

평균 이하 성적의 공부를 못 하는 학생으로 2년 연속 낙제까지 했던 아들이 어떻게 학업성취를 만들어 내기 시작했는지 더 나아가 우수한 대학 입시 결과를 만들어 냈는지 신기하고 감사한 한편으로 뭔가 객관적인 이유를 찾고 싶었다. 어떤 결정적인 이유가 아이를 변화하게 했는지 정말 궁금했다. 모든 변화의 순간들이 모여 최종적으로 만족할 만한 입시 결과를 만들어 낸 것이고 어떤 하나의 요인으로 단정 지을 수 없겠지만 주요한 요인이 있을 수 있었다는 것을 최근 한 권의 책으로부터 발견했다.

정주영 작가의 「하버드 상위 1%의 비밀」에 보면 '기존의 주류에서 밀려난 아이 중에서 시간이 지날수록 새롭게 조명을 켠다'는 내용이 등장한다. 저자는 성적표에서 처참한 기록을 보이던 학생들의 변화 이유를 분석하며, 그것을 가능케 하는 힘은 겉으로 보이는 지독한 노력 때문이 아니라 그들이 환경 속의 부정적인 신호들에서 벗어날 수 있었기 때문이라고 주장했다. 스탠퍼드 대학의 클로드 스틸 교수 실험을 인용하여, 낮은 점수의 학생들이 부정적인 환경 신호에 둘러싸여 있을수록 학교가 자신이 성공하기에 적합한 곳이 아님을 계속 확인하게 되어 더 경쟁에서 밀려나게 되는 악순환을 가져온다는 것이다.

마치 아들의 상황을 연구 결과로 분석해 놓은 것 같았다. 만약 아들이 익숙한 환경이란 이유로 한 학년을 유급해 같은 학교에 있었다면, 낙제하고 유급한 학생이라는 부정적인 환경 신호를 계속 받으며 잠재력을 발휘하지 못했을 가능성이 훨씬 컸을 테다. 너무나 감사하게도 부정적인 신호를 만들어 내는 환경에서 벗어나 노력할 수 있는 환경으로 아들의 삶이 이끌어 진 것이 아들이 성공적인 과정을 밟을 수 있게 된 결정적인 요인이라고 생각한다. 자신감과 긍정적 자아를 확인할 수 있는 새로운 신호는 낙제생이나 유급생 타이틀을 벗고 새롭게 노력하며 학업성취를 만들어 갈 기회였다. 모르긴 몰라도, 남보다 못한 아이라는 계속되는 신호 속에서 학교생활과 학원 뺑뺑이를 반복했다면 지금의 성취는 얻지 못했음이 분명하다.

10

가장 값비싼 수업료

아이의 부족한 부분에 집중하는 것이 아니라 남과 다른 부분을 특별한 강점으로 계발시키려는 노력은 더욱 넓은 세상을 경험하며 폭넓은 사람으로 성장하기를 바랐던 마음과 맞닿아 있었다. 다양한 사람과 문화를 이해하고 소통하는 힘은 빠르게 변하고 있는 세상에 대한 경험이 쌓이지 않고는 발휘될 수 없다고 생각한다. 최근 미국인 첼리스트가 화상으로 연결된 베트남과 독일의 바이올리니스트와 동시에 바흐 곡을 연주하는 것을 감상했다. 불과 몇 년 전만 해도 생각지 못했던 나라 간 연결과 세계의 정보 공유가 코로나 팬더믹으로 가속화되어 글로벌한 경험과 사고가 더 강조되고 익숙해진 초연결 시대를 살아가고 있다.

이러한 뉴노멀(New Normal) 시대가 올 것으로 예측할 혜안은 없었지만, 만 서른 살에 미국으로 떠나며 우물 안 개구리의 삶을 반강제적으로 벗어나게 되면서부터 영어를 잘하는 아들이 자유롭게 세계를 경험하기를 바랐다. 아시아의 태국, 베트남, 홍콩, 대만, 일본, 오세아니아의 피지와 호주, 아프리카의 나이지리아, 유럽의 영국과 아일랜드, 북아메리카의 미국 본토와 하와이, 괌. 5대양 6대주 중 남아메리카를 제외하고 아들은 모든 대륙을 경험했다. 아들에게 모든 여행은 소중했지만, 특히 엄마와 단둘이 일본 오사카를 다녀왔던 기억은 너무 따뜻한 추억으로 남아있다고 했다. 여행은 가슴 속에 따뜻한 난로 하나를 품는 일이란 말처럼 가족과 쉼을 누리던 따뜻한 온기를 기억하고 다음 여행을 기대하며 힘든 시간을 버텨갈 힘이 되는 것 같다.

대만, 피지, 나이지리아, 영국, 아일랜드, 하와이는 봉사 및 선교를 위한 생활이었고 홍콩과 미국 본토는 공부를 위한 여행이어서, 어린 아들이 수일에서 수개월까지 생활하기엔 절대 편치 않은 환경이었다. 가족 여행과는 매우 다른 결인 쉽지 않은 환경에서 왜 굳이 고생하는지 불평했던 적도 있다. 그러나 뒤돌아보니 그 경험과 고생은 돈을 주고도 사서 할 만큼의 가치를 주었을 뿐 아니라 여러 나라의 땅을 밟으면서 생각의 폭이 넓어진 아이로 성장시켜 주었음은 절대 부인할 수 없다.

'눈이 뜨인다'라는 말은 사전적으로 '사물이나 현상을 판단할 줄 알게 된다'로 정의된다. 사물이나 현상을 제대로 판단할 수 있으려면 그냥 눈으로 아름답고 이국적이라고 느끼는 것만으로는 부족하며 그들의 생활과 사고방식을 함께 경험하고 판단할 수 있어야 정말 세계에 눈이 뜨인 글로벌한 사람이라 말할 수 있다. 아들 또한 어릴 때부터 경험과 생각들이 쌓이고 쌓여 글로벌 인재가 되기 위한 자격을 갖출 수 있었다.

일종의 도피처로서의 하와이에서, 우리는 우리와 다른 방식으로 말하고 생각하는 여러 나라의 사람들과 문화를 자연스레 접했다. 자녀가 일곱인 미국인 가정의 삼 형제와 유독 친하게 지내는 동안 양 옆집의 인도, 일본인 가정과 친구가 되기도 했다. 아들은 아픔을 보상받듯 세계의 친구들을 선물 받았고, 그 아이들과 소통하기 위해 더듬더듬 영어를 익혀 나갔다. 다른 나라 친구들을 만날 때마다 "Where are you from?" 그리고 "How old are you?"로 인사하며, 말은 잘 통하지 않아도 온몸으로 함께 놀며 둘도 없는 친구가 되어가는 건 늘 오래 걸리지 않았다.

미국에 온 지 4개월 차가 되었을 때, 아들이 외국인들과 아무런 거리낌 없이 대화하는 걸 보게 되었다. 정말 신기했다. 엄마는 ESL 과정을 하고도 강의가 안 들려서 반벙어리처럼 앉아있는데, 어떻게 만 3개월 만에 외국인과 원어민 발음으로 대등하게 소통할 수 있다는 말인가. 생활 속에서의 노출로 언어를 학습이 아닌 소통의 도구로 배우는 중요성이 얼마나 크고 효과 있는지 아들을 통해 생생히 느끼게 되었다.

오직 그 영어 실력 하나로 온 세계를 누비고 다녔다. 영어가 세계 공통 언어라고 하더라도 아프리카, 오세아니아, 유럽, 아시아 각 대륙이 다른 만큼 때로는 다른 언어를 말한다 싶을 정도로 나라 간 고유의 악센트와 발음 차이가 크다. 나는 아웃리치 초반에 생활 적응 못지않게 소통을 위한 나라별 특유의 악센트에 적응하느라 꽤 시간이 필요했다. 그러나 아들은 물 만난 고기처럼 편하게 대화하며 새로운 친구들을 사귀는데 막힘이 없었다.

나이지리아에는 학교가 변변히 없다 보니 맨발로 온 돌산을 뛰어다니며 염소를 몰고 폐지를 주워 딱지치기했다. 아일랜드에서는 수많은 아이가 아시아에서 온 이 작고 통통한 아이를 신기해하며 함께 축구 경기를 하며 놀았다. 피지에서는 홀라춤을 추며 같은 폴리네시안 문화에 속하는 피지 댄스를 익혀 원주민들과 춤추곤 했다. 그때의 추억이 담긴 사진을 볼 때면 이 세상 어떤 좋은 것도 가슴 깊이 새겨 놓지 못할 넓은 세계관을 가지게 되었음에, 이 세상 누구와도 친구가 될 수 있는 따뜻한 사회성을 갖추게 되었음에 큰 감사와 뿌듯함을 느낀다.

아프리카까지 다녀온 이후 어디서든 살아갈 힘을 가지게 되었다.

그리고, 더 용감해질 수 있었다. 당시 비자 문제가 생겨 아들은 한국 외갓집에 있고 나만 먼저 하와이로 온 적이 있었는데 얼마 안 있어 아이를 데려올 방법이 없었다. 다른 방법이 없어 항공사의 비 동반 소아 서비스를 이용해 8살 아이를 한국에서 하와이까지 혼자 오도록 했다. 아들은 이후 해외에 갈 기회가 있거나 도전하고 싶은 마음이 들 때마다 "어릴 때 혼자 비행기도 타 봤는데 뭐"하며 새로운 시도에 겁내지 않는 아이로 커 갔다.

어릴 때는 최대한으로 세계를 경험하는 시간이었고, 중, 고등학교 때는 지적인 호기심을 충족시키는 꿈 찾기를 위해 원하는 나라에 가 보았다. 아들이 변호사의 꿈을 꾸고 있을 때, 같은 꿈을 꾸는 또래들과의 지적 탐구 기회를 얻도록 해주고 싶던 차, 미국의 존스홉킨스 대학에서 개최하는 CTY(Center for Talented Youth) 캠프를 알게 되었다. 여러 나라에서 선발된 청소년들이 모여 3주간 수학, 과학, 인문학 등 다양한 과목 중 하나를 선택해 집중적으로 배우는 과정이었다. 영재 캠프인 만큼 영어와 수학 전국 단위 성적이 상위 5%를 넘는 학생들에게 자격이 주어지는 오랜 기간 우수성이 검증된 프로그램이었다.

사실 2년간 낙제했던 아들에게 영재 캠프는 해당 사항이 없다고 생각했다. 그러나 영어 소통에 대한 어려움이 없고, 수학은 원래 좋아했던 만큼, 도전하게 되었고 다행히 시험을 통과하여 여러 나라 학생과 치열하게 공부하고 지적인 자극을 주고받으며 교제하는 시간을 가질 수 있었다.

캠프 지원 전에는 당시 꿈이 변호사다 보니 '법학 입문(Introduction to Law)' 과목 지원을 준비했지만 마감되는 바람에 캠프 지원을 하지 말까 고민하기도 했다. 그러나 한 주제를 깊이 공부하며 글로벌한 경험을 하는 자체가 중요할 것 같아 재미있을 법한 '게임 이론(Game Theory)'을 주제로 참가하게 되었다. 게임이라는 일상적인 비유를 사용하여 갈등과 협상의 상황에서 다른 사람의 행동에 직면하여 합리적 행동을 하는 수학적 이론(네이버 지식백과)이자 경제학 개념인 것을 캠프 준비 중 알게 되었다. 3주간 홍콩대학교에서 캠퍼스 생활을 미리 체험하고 노르웨이, 일본, 미국 등에서 온 친구들과 프로젝트 수업을 하면서 참 즐거웠던 것 같다. 경제학 분야를 모르던 아들이 수학을 좋아하는 자신과 잘 맞는다고 생각해 새로운 관심과 꿈을 갖게 되고 이후 전공을 하고 싶은 마음으로까지 이어졌으니 청소년기 시기에 아이에게 꿈을 갖게 하는 좋은 자극을 경험하도록 한다는 것은 너무 중요한 일인 것 같다.

한정된 지면에 모든 경험을 공유하기란 어렵다. 그러나 편히 휴식을 위한 여행을 할 때보다 몸은 무척 고달팠으나 새로운 가치를 발견하고 이타적인 삶을 지향하며 한 걸음씩 꿈에 나아가게 했던 경험들이 아이를 훌쩍 자라게 한 것임은 분명하다. 경험은 가장 값비싼 수업료를 치러야 한다. 그 수업료는 자신의 시간과 열정이다. 자신의 시간과 열정을 가만히 학원에 앉아 지식이 아닌 지식만을 쌓아가는 곳에 쓰기에는 그 수업료가 너무나 아깝다. 나는 아들의 값비싼 수업료를 경험에 지불했고, 세상을 누비며 가지게 된 시야는, 아들의 폭넓은 경험과 가치관을 결정지었음은 물론, 꿈의 올바른 방향을 만들어 갔다. 단순히 영어를 잘하는 것을 넘어 다른 나라의 역사와 문화를 알게 되고, 그들의 삶을 더욱 이해하고 소통할 수 있는 사고방식을 가지게 되었음에 감사한다. 무엇보다 세상을 어떻게 변화시킬 수 있을지 고민하는 이타적인 아이로 자랄 수 있었음에 깊이 감사한다.

——— **3장** ———

나는 내 아이의 가능성을 이렇게 이끌어 주었다

엄마이기에 할 수 있는 7가지 노력

고등학교 전 학년 성적(GPA) 전부 A+로 최우등 졸업, SAT 1580점 및 AP(고교 재학 중 미국 대학 학점을 취득할 수 있는 대학 과정 인증시험 및 고급 교과과정) 12개 과목 중 8개 이상 5점 만점, 총학생회장과 동아리 회장 역임, Debate 및 모의 UN 등 다수 국제대회 수상, 대학 수준으로 작성된 연구논문, 회사 인턴 경력, 중학교 때부터 지속한 봉사활동, 앱 개발 경력이나 특허 보유.

아들이 UC Berkeley 입학을 위해 접수했던 성적과 스펙일까? 아니다. 그럼 이런 완벽에 가까운 성적과 스펙을 갖추면 해외 명문대학 입학이 보장될까? 그것도 아닌 것 같다. 최상위 성적과 뛰어난 스펙을 갖춘 지원자들이 갈수록 많아지는 현실에서 이에 못 미치는 조건을 갖추고도 아들에게 경쟁력이 있었던 이유는 무엇이었을까?

11

아이의 발달을 따라가는 적기 교육 : 내 아이는 Late Bloomer였다

Late Bloomer. 우리말로 '늦깎이', '대기만성', '늦은 아이'쯤 되는 이 말은 일반적으로 나이가 들어 뒤늦게 자기 분야에서 두각을 나타내 거나 인정받는 사람을 일컫는다. 아들의 경우 문자 그대로의 의미 와 차이가 있을 뿐 아니라 학습 장애가 있거나 선천적으로 이해도 가 낮은 경우도 아니다. 그런데도 이 단어를 쓰는 이유는 일찍부터 많이 공부해 빨리 학업 성취를 내는 것이 점점 당연시되는 우리나 라 분위기를 기준으로 할 때 한참 늦게 재능이 발휘된 경우이기 때 문이다.

아들이 돌 무렵부터 책을 자장가 삼아 읽어주며 재웠다. 그림책 을 아주 좋아했다. 빨리 잠들기 바라는 마음에서 시작된 수면 전 독서가 때로 20권을 읽어도 잠이 들지 않아 힘들 때도 있었지만 책을 좋아하는 아이로 키울 수 있었던 일등 공신임은 틀림없었다. 그렇게 책을 많이 읽어주면 대부분 한글을 빨리 뗀다는데, 18개월부터 말은 하면서도 오래도록 '글자' 자체에 전혀 관심이 없었다. 그래도 마음을 급하게 가지지 않았다. 한글을 깨치도록 한 글자씩 짚어가며 읽어주기보다는 알록달록 예쁜 삽화들로 가득한 그림과 이미지를 눈에 담으면 상상력이 더 자랄 것 같아 한글을 가르치려는 노력을 굳이 따로 하지 않았다.

7살에 미국으로 가다 보니 한글을 가르칠 상황이 더 안 되긴 했지만, 학교 입학하기 전 학습지 한 장을 풀게 한 적이 없었다. 앞으로 공부를 잘할 수 있을지 걱정되면서도 정작 학업에 대해서는 꽤 무심한 엄마였다. 적기 교육이 옳다고 믿는 철학도 아들이 자라면서 확고해진 것이지 사실 어릴 때는 별생각이 없었다. 그냥 내 상황이 힘들다 보니 부끄럽게도 아이를 방목하다시피 한 면도 없지 않았다.

그러나 뒤돌아보니 오히려 학습으로 여러 가지를 가르치지 않았기 때문에 더 많은 것을 생활 속에서 때로는 놀면서 자연스레 배울 수 있었던 것 같다. 엄마랑 먹은 김밥을 어떻게 계산할 수 있는지와 잘 익은 파파야를 얼마에 팔지 친구들과 상의하면서 수학을 배웠다. 나뭇가지를 들고 "Follow me!"를 외치며 외국 친구들을 이끄는 동안 리더십을 익혔고, 길거리에 가득한 현무암을 밟고 NASA 천문대에 올라 쏟아지는 별을 관찰하면서 자연과 우주의 원리를 알아갔다. 아이에게 여러 가지를 가르쳐야겠다는 욕심을 부릴 수 없는 시기를 보냈기 때문에 오히려 유아기는 '놀이가 곧 교육'이라는 중요한 원리를 실천할 수 있었다. 호기심을 갖기 시작할 때 필요한 학습이 이루어져야 한다는 중요한 원칙을 지킬 수 있었음에 그리고 많은 지식으로 뇌를 채우기 전에 즐거운 경험으로 학습의 뇌를 비운 것 또한 꼭 필요했음도 알게 되었다.

선행학습과 조기교육이 아닌 경험과 체험으로 채운 어린 시절은 엄마와 아들이 평생 같은 편이라는 정서적 유대를 갖는 것 이상으로, 살아가는 방식을 결정하는 소중한 교훈이 되었다. 나이지리아에서 생활할 때의 일이다. 우리가 머물던 곳은, 아이들이 손으로 먹는 음식을 보노라면 동물의 사료인지 사람이 먹는 음식인지 잘 분간이 안 될 정도로 낙후된 시골 마을이었다. TV에서 후원 모집 광고를 할 때 나오는 가슴 아픈 아프리카 모습의 15년 전 버전이니 오죽하겠는가. 어느 날 아들이 아이들과 신나게 뛰어 놀고 있는데 우리나라 70년대 택시 같은 낡은 차 한 대가 멈추더니 아빠와 아들이 내려 우리 곁으로 다가왔다. 한글이 적힌 낡은 가방과 옷을 입은 아들은 아이들과 놀고 싶어 했지만, 군복 위로 잔뜩 어깨에 힘이 들어간 아빠는 자기 아들이 동네 아이들과 어울리지 않는 상류층이라고 말하고 싶은 듯 아이들과 거리를 두도록 했다.

많은 대화를 나누지 않았고 그 내용은 기억나지 않지만, 남자의 거만한 표정과 분위기는 오래도록 잊히지 않았다. 본인 스스로는 그 마을에서 제일 부자고 권위 있는 자임을 드러내고 싶어 했지만, 부와 명예라는 것이 얼마나 상대적인가. 우리나라에서 보내준 옷을 입고 있는데 왜 우리한테 잘난 척을 하냐는 아들의 말처럼 우리가 당시 내세울 것 없는 모습으로 아프리카에 갔지만 적어도 구호 물품을 받아 입힐 정도는 아니었으니 말이다.

오래도록 여운이 남아 겸손해야 하는 이유를 제대로 배운 날이었다. 너무나 상대적인 부, 학력, 지위 같은 외적인 조건을 누구 앞에 자랑하거나 뽐낼 이유가 없고 잘난 척하면 안 된다는 것을. 그리고 그런 것들을 자랑할 때 얼마나 초라해 보일 수 있는지 느낀 날이었다. 그렇게 나와 아들은 '겸손'이라는 중요한 가치를 배우고 아프리카를 떠났고, 여전히 아들이 명문대 학생으로서 자부심은 느끼되 겸손함을 잃지 말아야 함을 이야기하는 에피소드로 남아있다. 당시 뇌 발달에 대해 알지는 못했지만, 어릴 때 인간성과 도덕성을 가르치는 인성교육이 제일 중요하다고 하니 시기적절한 교육을 잘한 셈이다.

한국으로 돌아와 초등학교에 다녀보니, 학습에 관한 관심이나 재능이 또래에 훨씬 미치지 못했다. 한글을 떼고 입학하는 대부분 아이와 달리 아들은 전혀 한글을 몰랐다. 글자에 여전히 관심이 없고 조금 늦되는 손주가 안 되겠다 싶으셨는지 2학기 때 받아쓰기 테스트를 위해 외할머니가 붙들고 원리를 가르쳐주니 늦게나마 한글을 읽을 수는 있게 되었다. 다만 붙들고 한 공부가 스트레스였는지, 아들은 더더욱 앉아서 하는 공부를 좋아하지 않았다. 복습하는 습관을 잡아주고 싶은 마음에 문제집 한 장을 매일 풀어보자며 아들을 어르고 달래고 때로는 윽박도 질러봤지만, 친구들이 학원가기 전에 놀아야 한다며 뛰어나가기 바빴다.

　그나마 영어를 유창하게 말할 줄 알고, 수학 연산을 잘하며 어릴 때부터 책을 좋아하였으니, 때가 되면 공부에 흥미를 붙이고 잘했으면 좋겠다는 기대만 막연하게 있었던 것 같다. 나는 아들에게 억지로 공부시키는 것은 내려놓고, 외국 아이들과 지낼 때부터 골목대장 노릇을 했던 아들이 아이들과 두루 잘 지내고 리더십을 가진 부분을 더 높이 사고 격려했다. 아들이 4학년 때, 자기가 공부는 잘하지 못하지만 친구들에게 인기가 많으니 제주도 가기 전 회장을 해보고 싶다고 말했다. 결국 친구들을 설득하여 반 회장으로서 리더 역할을 경험하며 학교생활을 마무리했다.

　사실 교육열이 넘치는 분위기 속에서 아들을 방목하듯 키운다는 것은 결코 쉬운 일이 아니었다. 나는 아들 친구 엄마 중에서 꽤 젊은 편에 속했다. 나이 차이가 나는 엄마들과 친하게 지내는 것이 성격 상 편하지는 않았다. 우리 가정의 속사정을 알게 되는 게 싫어 일부러 더 거리를 둔 탓도 있지만, 무엇보다 어느 학원이 좋고 지금 시기에 어느 진도까지 많이 가르쳐야 한다는 이야기가 주를 이루는 대화 분위기에 휩쓸리고 싶지 않아 점점 더 거리를 두게 되었다. 많은 엄마가 맘카페를 비롯해 온오프라인상의 모임에서 선행학원 트렌드를 비롯한 다양한 교육 정보를 얻는다.

물론 아이에게 필요한 유익한 정보들도 있겠으나 나는 확신이 없었다. 서로 인간적인 교류가 없는 온라인 공간 안에서 불특정 다수의 엄마가 전하는 정보를 맹신하거나 많은 엄마가 시키는 선행학습을 따라 하지 않으면 내 아이가 결국 뒤처지게 될 거라는 무언의 메시지에 휘둘리지 않을 자신이 없었다. 입시를 치르는 순간까지도 꼭 필요한 경우가 아니면 가입조차 하지 않거나 모임을 꺼렸는데, 내 중심과 아이의 가치를 지켜갈 수 있었던 작지만 큰 노력이었다고 생각한다. 그러고 보면 꼭 필요하다고 생각했던 것이 가장 필요 없는 것이 되는 경우가 더 많은 법이다.

요즘은 적기 교육을 실천하기 더욱 힘들어진 사회적 분위기임을 초등학생 딸들을 키우며 실감한다. 그러나 유아기부터 청소년기까지 아이들의 인지, 정서, 신체 발달 정도는 시대와 상관없이 비슷하므로 나는 아이의 발달을 따라가는 교육 방침을 지금까지 고수하고 있다. 책을 읽어주거나 함께 읽는 것, 다양한 종류의 책을 통한 독후 활동 등으로 지적 자극을 강화하는 것 외에는 아이가 원하지 않는 장시간의 공부를 강요하지 않는다. 대신 주변에 관심 있는 무언가로 부터 재미와 흥미를 느껴 새로운 것을 알아가고 경험하도록 노력한 다. 예를 들어, 어릴 때는 먹은 김밥을 계산하며 덧셈을 익히게 하고 중학생 때는 영어로 노는 캠프에서 법정 변론서를 쓸 줄 아는 단계 까지 나아가도록 말이다.

나는 학습보다는 어릴 때 관계와 경험 속에서 인성과 사회성이 먼 저 길러지는 것이 발달 과정에서 가장 우선시 되어야 한다고 생각한 다. 또래와 소통하고 싸우다가 화해하며 갈등을 해결하는 법 등, 더 불어 살아갈 수 있는 관계 기술과 리더십을 자연스레 배우는 것에 더 우선순위를 두었다.

또한, 아이의 참 미래를 위한 엄마로서 중심을 지키기 위해 아이 의 발달을 거스르도록 분위기를 몰고 가는 주체가 무엇인지 분별해 이를 차단하려고 노력했다. 우리나라 교육의 경쟁적인 구조를 바꿀 수는 없지만 나 스스로 내 아이를 위한 교육을 방해하는 주변 분위 기에 거리를 두고 소리를 차단하는 행동은 할 수 있다고 생각했다. 앞에서 이야기했듯 그것이 아무리 친한 엄마들의 모임이라 할지라 도, 명성이 높은 맘카페 속 정보라 할지라도, 객관적이고 정확한 정보 가 아닌 대세의 몰아가는 분위기에 좌지우지되지 않으려 노력했다.

사람의 뇌가 발달하는 데는 20년 가까이 걸린다고 한다. 뛰어난 두뇌를 다 사용하기에도 무척 오랜 시간이 필요하다고 한다. 아들은 자신의 입시 마라톤에서 학습에의 관심이 늦게 꽃피워 그 출발은 비록 늦었지만, 천천히 가는 만큼 공부에 진을 빼지 않을 수 있었다. 그리고 늦게 관심이 생긴 학업에서 가속화가 붙은 상태로 전력 질주해 효과적으로 레이스를 펼쳐갈 수 있었다. 고3 때 또 한 번의 큰 위기가 오긴 했으나 그마저도 극복할 수 있었던 건 잠시 숨을 고르고 다시 막판 힘을 내 역전할 수 있도록 긴 레이스의 완급 조절을 잘했기 때문이라고 생각한다.

대학 입시까지의 긴 경주에서 초반 마음이 가지 않는 지식을 주입하기 위한 에너지를 쓰지 않고 세상을 경험하도록 해 주었던 것. 그리고 아이의 생각과 뇌가 자라며 지식을 알아가고 몰입하는 즐거움을 깨달아 갈 때 힘을 내어 전력 질주하도록 격려와 지지를 아끼지 않았던 것. 무엇보다 아이의 속도와 역량에 맞는 레이스를 펼쳐가도록 도왔던 것이 아이의 유능함을 꽃피울 수 있었던 단단한 기초였다고 믿어 의심치 않는다.

12

탁월한 자기표현을 위한 언어교육 : Listening에서 시작, Writing으로 완성되다

아들의 특별한 스토리의 출발점이 되어준 하와이 열방대학을 오랜만에 다시 찾았다. 연년생 딸들의 초등학교 입학 적응을 위해 선택한 육아휴직을 의미 있게 보내고자 내린 결정이었다. 나에게 회복을 주었던 공동체를 부부가 함께 섬기고 싶었고, 딸들 역시 아들이 경험했던 작은 세계를 경험할 수 있길 바랐기에, 아들을 유학 보낸 뒤 1년여를 계획하고 다시 찾아오게 되었다. 여전히 글로벌한 캠퍼스 분위기와 따뜻한 공동체 느낌은 15년 전과 다르지 않았다. 때론 아들과의 추억이 떠올라 가슴 뭉클한 소중한 시간을 보내고 있다.

기대한 대로 초등학교 저학년 딸들은 아메리카, 유럽, 아프리카

등 여러 나라에서 온 사람들을 만나고 이제껏 알지 못했던 새로운 세상을 경험하고 있다. 그런데 예상과 달리 예전 아들과 꽤 큰 차이를 보이는 게 있으니 바로 영어에 대한 부분이다. 아들이 넉 달이 안 돼 원어민처럼 말했던 것처럼, 어린 딸들도 같은 환경에 오면 비슷한 시기에 유창하게 말할 수 있으리라 생각했다. 그런데 딸들은 당시 아들과 비교하면 현저히 느리게 영어를 익혀가고 있는데, 그 이유가 뭘까 생각해 보니 절대적으로 영어 노출 시간과 말을 하고자 하는 욕구의 차이에 있었다. 첫 3개월을 비교할 때 아들은 미국인 룸메이트, 현지인들과 공부하는 퍼블릭 스쿨, 외국 친구들과 해가 지도록 노는 등 잠자는 시간 외에 꼬박 15시간 정도 매일 쉼 없이 사방에서 들리는 영어에 노출되었다. 시간으로 계산해 보니, 1,500시간 정도를 쉴 새 없이 여기저기서 영어가 들리는 환경에 노출된 데다 성향 자체가 적극적이다 보니 어느새 귀가 뜨이고 스피킹에도 가속도가 붙었다. 그 때문에 이른 시간 안에 원어민에 가까운 발음과 말하기 실력을 갖추게 되었음을 알게 되었다.

반면, 딸들은 한 달 가까이 홈스쿨링을 하다 학교에 갔고, 길게 잡아도 학교와 캠퍼스에서의 5시간 정도를 제외하고는 여전히 영어보다 한국어에 많이 노출되어 있었다. 늘 자매끼리 있으면서 한국인들하고만 놀려 하니 오빠처럼 1,500시간 이상이 영어에 노출되려면 같은 환경이라도 최소 1년은 되어야 들은 언어가 쌓여 어느 정도의 말하기 실력을 갖추게 된다는 계산이 나왔다. 그마저도 연속적인 완전 몰입 환경이 아니다 보니 시간은 4~5배 이상 차이가 날 것 같았다. 외국어 습득 능력에 관한 연구 결과를 굳이 참고하지 않아도 연령과 사전 노출 정도가 비슷한 세 아이를 같은 환경에서 교육했을 때 영어 노출과 몰입 양 그리고 말하고자 하는 니즈에 따라 언어를 배우는 차이가 얼마나 큰지 생생하게 느끼고 있다. 그간 어릴 때는 스펀지같이 언어를 잘 흡수하니 그 언어권에 살면 몇 개월 만에 금방 잘하게 된다고 막연히 생각해 왔는데, 환경을 어떻게 활용하느냐에 따라 언어 능력의 큰 차이를 만들 수 있음을 아이들을 통해 경험하게 되었다.

그러함에도 멀리 내다 보고 무엇이 더 가치와 의미 있는지를 고려해 내린 결정은 가족 모두에게 큰 만족과 교훈을 주고 있다. 딸들은 팬데믹 시기에도 비교적 자유롭게 자연을 만끽하고 원 없이 뛰어놀며 특별한 경험을 하고 있다. 전쟁을 피해 우크라이나에서 온 짝에게 좋은 친구가 되어주고 40여 년 만에 최근 터진 활화산의 용암을 근거리에서 보기도 하는 등 그녀들만의 특별한 경험을 쌓는 중이다.

영국 옥스퍼드대 언어학과의 조지은 교수는 "언어란 책상 앞에 앉아서 배울 게 아니라 말하고 싶은 상황에 놓이는 게 먼저"라고 중앙일보와의 인터뷰에서 강조했다. 문법과 파닉스를 중요시해 아이들의 말문을 막아버리는 것이 아니라 일단 말의 유창함을 키워주도록 가능한 흥미를 유발하는 것이 필요하다는 말도 덧붙였다. 서울대 이병민 교수 역시, 2018년 '조기 영어교육, 무엇이 진실인가'라는 주제의 강연에서 "영유아 시기는 가르치거나 외우게 해서 언어를 배우는 것이 아닌 뛰어 놀면서, 사람들과 대화하고 접촉하면서, 생활 속에서 자연스레 습득해 가는 시기"라고 주장했다.

처음 하와이에서 맨땅에 헤딩하듯 고생하고 어려움에 눈물 짓는 날들도 많았지만 뒤돌아보니 그 불편한 환경 때문에 아들도 나도 생존과 소통을 위한 살아있는 언어를 배우는 최상의 외국어 습득 환경에 놓여있었음에 감사하게 된다. 학교를 포함해 생활과 놀이의 즐거운 몰입 환경에서 자연스레 일상 표현과 발음을 습득할 수 있었으니 말이다. 놀이터에서 놀고 나무에 오르며 롱보드를 타고 컴퓨터 게임을 하면서, 그들이 매일 사용하는 언어 그대로 말할 수 있게 되었다. 게다가 여러 나라를 아웃리치로 다니며 또래뿐 아니라 생활을 함께 하는 어른들이 사용하는 수준 높은 어휘도 자유롭게 구사하게 되었다. 그때 찍어 놓은 영상을 보면 북아일랜드의 영국식 악센트 아이들과는 공놀이하다 말고 잔디밭에 주저앉아 한참을 이야기하고, 피지에서는 미국인 청년과 어떤 놀이를 하고 싶은지 어른과 말이 통한다는 느낌이 들 정도로 자연스레 대화를 나누곤 했으니 신기할 따름이다.

말하기 실력에 비교하면 당시 읽기와 쓰기 실력은 거의 없는 것과 마찬가지였지만 시간이 지나며 탄력이 붙기 시작했다. 국제학교에 다니며 훈련이 된 이유도 크겠지만 어릴 때부터 독서 축적량이 고급 어휘와 학습에서의 지식을 쌓도록 뒷심을 발휘했던 요인이라고 믿는다. 비록 흥미가 없던 교과목에서는 낙제를 받았지만, 독서의 내공이 밑바탕에 있었기에 글을 해석해 문제를 풀거나 생각을 글로 표현하는 능력이 발전될 수 있었다고 생각한다.

전학 간 학교의 학생 수가 적어 비교적 어렵지 않게 내신 성적을 잘 받을 수 있었던 건 사실이다. 하지만 이와 별개로 언어 독해 실력이 뒷받침되지 않았다면 절대 지금의 좋은 성과는 내지 못했을 것이다. 왜냐하면, 미국대학 입시를 준비하며 치러야 하는 TOEFL과 SAT에서의 평균 지문은 정말 길어 보통 한 장이 넘는 빼곡한 지문을 빠른 시간에 읽고 여러 개의 복잡한 문제를 풀어야 하기 때문이다. 이렇게 긴 지문을 읽고 이해해 문제를 풀어내는 능력은 단기간의 학원 수강으로 불가능하며 절대적으로 장시간의 독서량이 쌓이고 독해력의 기초가 탄탄해야 가능하다.

언어의 능력은 Listening으로 시작해 Writing으로 완성된다. 생각을 말로 잘 표현하는 것을 넘어 읽고 이해하는 '문해력'이 얼마나 중요한지를 강조하고 싶다. 요즘 아이들의 독서량은 점점 줄고 유튜브가 키운다는 말이 있을 정도로 언어를 읽고 이해하는 능력이 줄어들고 있다. 며칠 전 고등학생 조카가 친구한테 웃으며 '너 참 고지식하다'라고 말했더니 지식이 높은(많은) 것으로 이해해 좋아하더라는 이야기를 들으며 정말 그렇다는 걸 실감했다. 수학 같은 과목도 문제 자체를 이해 못 해 풀지 못하고, 국어나 영어 등 교과들도 긴 지문 해석이 쉽지 않은 아이들이 늘어나고 있다고 한다.

나는 아들의 경험으로 수면 전 독서의 힘과 책 읽기의 중요성을 알았던 터라 딸들도 비슷하게 책을 가까이하도록 노력하고 있다. 막내딸의 경우 6살 때 어린이집 미션으로 받은 몇 달간 독서 기록이 800권 가까이 되어 2021년 방영된 EBS 다큐프라임 「당신의 문해력」 프로그램의 연구 대상자로 참가하게 되었다. 책 읽기 프로젝트를 통해 사전 사후 문해력이 얼마나 변화하는지를 배운 좋은 기회였는데, 연구진인 한양대 조병연 교수는 미래에 개인 역량을 판단하는 중요한 기준이 문해력이라고 강조하며 오랜 시간에 걸쳐 만들어지는 이 문해력을 놓치면 점점 글을 못 읽는 AI 시대가 오게 된다고 우려를 표했다.

유튜브로부터 손쉽게 정보를 접하는 디지털 시대에 힘들여 종이책을 읽을 필요가 있느냐고 생각하는 사람들이 많다. 조 교수는 글과 오디오와 동영상을 각각 접한 뒤 정보처리를 담당하는 전전두엽에서 뇌 활성화 정도를 관찰했더니 동영상보다 오디오가 오디오보다 줄글이 빨갛게 활성화되더라는 연구 결과를 소개하며, 이는 글을 읽을 때 가장 상위인지기능이 향상되고 촉진되는 결과임을 강조했다.

이처럼 꾸준히 책을 읽는다는 것은 아이의 두뇌를 활성화하고 지능 계발을 촉진하는 것이며, 이를 통해 문해력도 향상될 수 있다. 입시를 위해 언어로 진행되는 수많은 시험과 에세이 준비는 절대 단시간에 되지 않으며, 독서와 문해력이 탄탄하게 뒷받침되어야 효과적으로 대응할 수 있음을 입시를 치르며 재확인했다. 그것이 영어이든 국어이든 마찬가지이다. 실용적인 어휘로부터 언어의 기본기가 다져져야 자기표현이 되고 수준 높은 글을 이해하는 모든 과정이 어우러져 그간의 경험과 생각을 정제된 글로 남들과 다르게 표현할 수 있을 때 입시에서도 경쟁력을 지닐 수 있다.

언어는 일상에서 생각하는 것을 말로 또는 글로 표현하는 소통의 도구다. 감사하게도 아들은 어릴 때 놀이와 일상의 경험으로 시작해 자신을 표현하는 언어의 맛에 빠져들었고, 그 몰입의 힘을 바탕으로 세계를 무대로 자신의 꿈을 펼쳐갈 강력한 도구로 사용하게 되었다. 엄마로서 도움을 주고 싶었던 나는, 청소년 학회나 포럼같이 영어로 진행되는 행사가 있으면 적극적으로 발표할 기회를 얻도록 아들을 지원했다. 이를 위해 비교적 똑똑하게 사교육을 활용한 영역이 있다면 독서와 글쓰기였는데, 낙제 뒤 전학 후에도 교과 공부는 학교 수업을 충실히 따라가도록 하면서 학년에 맞는 권장 원서를 읽고 독후활동하는 학원을 몇 달간 꾸준히 보냈다. 기본 실력을 갖춘 뒤에는 글쓰기 대회에 참가하도록 권하고, 청소년기자단 활동도 하게 했다. 영역별로 관심 가는 분야를 기사로 쓰고 깊이 생각해 보도록 격려했다. 하버드 대학에서 4년간 가장 신경 써서 가르치는 분야가 글쓰기라고 알려진 것처럼 글을 잘 쓴다는 건 어떠한 전공과 진로를 선택하든 좋은 무기가 되는 법이라는 것을, 지금 돌아보니 더욱 단단한 확신을 가지게 된다.

언어 교육에 대한 경험과 노하우를 요약해 보자면,

첫째로 그것이 영어이든 국어이든 학습 교과가 아닌 문화 속에서 소통을 위한 도구로 교육함이 우선이었다. 반강제적으로 주어진 환경이긴 했지만, 그 환경에서 아이들과 이야기를 나누고 친해지는 것은 아들의 몫이었다. 나는 그저 아들이 외국 친구들과 즐겁게 놀고 싶은 욕구를 충분히 충족시킬 수 있게 해주었다. 그 과정에서 들리는 영어가 쌓이며 유창한 말하기가 가능해졌다. 어릴 때일수록 새로운 언어로 말하는 재미를 잃지 않게 하고 지식으로 주입하는 학습은 최소화하려 노력했다.

둘째, 어릴 때부터 수면 전 독서와 책을 자주 그리고 함께 읽어주는 것을 시작했다. 낙제를 한 후에도 교과 공부의 비중만큼 독후활동을 겸한 독서 훈련을 강조하는 등 책을 좋아하고 늘 가까이하도록 노력했다. 이러한 책 읽기의 힘이 여러 교과 공부에서의 문해력과 작문 실력으로 나타나 이후 시험 성적과 입시에서 긍정적인 영향을 미칠 수 있었다고 생각한다.

셋째, 아이가 자라며 자기 생각을 글로 표현함이 무엇보다 중요하다. 중학생 때부터는 글을 써볼 수 있는 여러 대회나 발표할 기회를 찾아 가능한 한 도전하도록 했다. 그 주제는 북한 핵무기, 블록체인, 개발도상국 경제 지원, 약자의 인권 등 너무나 다양했는데, 글의 수준과 상관없이 주어진 형식에 맞게 자기 생각을 표현해 본 여러 경험은 혹독한 대학 과제와 토론까지도 견뎌 나갈 수 있게 하는 든든한 자산이 되어 주었다.

점점 더 어렵고 수준 높은 글을 읽고 쓰며 말할 수 있음은 어릴 때의 Reading 레벨이나 문법과 스펠링 실력과는 별 상관이 없었다. 비록 틀리더라도 주저 없이 말하고 책 읽기의 즐거운 경험이 쌓이는 게 선행되어야 하며 훨씬 중요하다고 생각한다. 아들도 그 경험 위에 사고 능력이 발달하며 점점 수준 높은 글에 대한 이해가 더해지게 되었다. 더하여 생각을 말과 글로 표현할 수 있는 실력이 쌓이게 되고, 이제는 전 세계 학생들과 동등하게 경쟁할 수 있는 언어의 유능함을 가진 인재로 발전하게 되었다.

13

경험이 주는 가장 확실한 스펙 :
꿈이 연결되고 확장되는 스토리텔링

아들은 어릴 때 외갓집 식구들의 사랑을 많이 받고 잘 먹어서인지 굉장히 통통했다. 초등학교 저학년 때까진 소아비만 기준에 단 500g 모자를 만큼 뚱뚱하다는 표현이 어울렸는데, 식탐이 많아 뭐든지 많이 먹고 단것도 굉장히 좋아했다. 대여섯 살 때부터 뭐가 되고 싶냐고 물어보면 주저 없이 편의점 사장님이라고 대답하곤 했는데, 원하는 걸 뭐든지 먹을 수 있어서라는 나이다운 이유가 참 귀여웠다.

그랬던 아들이 나이지리아 아웃리치가 끝나갈 즈음 가난한 아프리카 친구들에게 먹을 걸 나눠주고 잘 살 수 있게 돕고 싶다는 이유로 꿈이 변했다. 나중에 목사님이 되고 싶다고 말하던 그 순수함에 얼마나 흐뭇했는지 모른다. 시간이 오래 흘렀는데도 해 질 무렵 손

잡고 이야기 나누던 그때의 마음 따뜻했던 기억은 아직 남아있다. 그 후 아들의 꿈은 여러 번 다른 것으로 바뀌었다. 하지만 그날의 대화 속에 담긴 가치 있는 삶을 꿈꾸게 만든 따뜻함은 변하지 않았고, 지금의 아들을 있게 한 중요한 시작점이 되었다.

한국에 돌아온 후의 평범한 일상은 사내아이들이 대부분 그렇듯 운동에 대한 각별한 애정과 관심을 키워 이승엽 타자와 오승환 투수를 롤모델 삼아 야구선수의 꿈을 키워갔다. 앞에서 나눈 프로야구 선수로의 훈련 제안을 받고 잠시나마 고민하다 거절한 경험은 아들의 꿈 찾기가 본격적으로 시작된 시기로 생각한다. 마냥 어린아이 같고 공부에는 별 관심이 없지만 분명 잘하고 관심 있는 무언가가 있을 것이기에 이제 하나씩 좋아하고 잘하는 분야를 찾아가는 관심을 기울여야 했다. 아들도 마찬가지였을 것이다. 늘 막연히 본인의 우상과도 같은 유명 선수를 닮고 싶다는 마음만 있던 중 어떤 진로를 결정한다는 것은 앞으로 어른이 되었을 때의 모습을 결정하는 것일 수 있음을 어렴풋하게나마 알게 되었던 계기였다. 다양한 경험이 있었기에 선택할 수 있는 꿈이 여러 개 남아있었고, 아이는 야구선수가 아닌 다른 꿈으로 자신을 이끌어 나갈 수 있었다.

아들의 두 번에 걸친 낙제와 강제 전학은, 아이 인생에 엄마로서 더 책임감을 느끼고 공부나 진로를 고민해야 한다는 위기의식이 번쩍 드는 전환점이었다. 평소에 필요한 정보를 잘 찾는 장점을 발휘해 관심 있을 만한 청소년 캠프, 행사나 대회 등을 틈만 나면 검색하기 시작했다. 공신력 있는 단체나 국가에서 하는 프로그램들 그리고 글로벌 역량을 발휘할 만한 행사를 중심으로 아이에게 소개하고 관심 있는 분야를 경험하도록 했다.

모의 법정 프로젝트를 통해 변호사라는 꿈을 갖게 된 아들에게 좀 더 전문적인 자극을 주고 싶었다. 나는 친분이 있던 법대 교수에게 아들의 멘토링을 부탁했다. 아들은 대학원생들이 전공 수업으로 배우는 어려운 원서를 추천 받아 법학 용어와 심리학 개념을 공부하며 번역하고 교수와 이메일을 주고받으며 범죄자의 행동 심리에 관한 공부를 할 수 있었다. 나중에 이 경험은 미국 국무부 교환학생으로 조지아주에 있으면서, 지독한 외로움과 어려움으로 힘든 시절을 이겨낼 수 있는 계기가 되었다. 아들은 실제 변호사와 함께 모의 법정을 진행하는 방과 후 클럽에 가입하여 그들과의 토론과 연구에 몰두하게 되었고, 이는 행동 경제 분야로까지 흥미가 넓어지는 지경으로 이어졌다.

그리고 또 하나 경험의 축은 어려서부터 다양한 국제 경험을 바탕으로 가보지 못했던 나라들에 대한 지속적인 관심 확장이었다. HOBY(Hugh O'Brian Youth Leadership)라는 국제적인 청소년 리더십 단체를 통해 글로벌 리더가 되기 위한 워크숍에 참석하고 국제관계와 외교 문제 주제 발표를 하며 대사관에서 인턴십을 하는 등 여러 경험의 과정을 거쳤다. 그 과정들로부터 요르단과 코스타리카 등 대사관 상을 연이어 수상하였고, 외교 관련 리더들이 국내외에서 어떻게 활약하는지 배우는 시간을 거치며 글로벌 리더로서의 꿈을 계속 키워갈 수 있었다.

어릴 때부터 이어져 온 글로벌 경험들로 관심이 생긴 세계의 불평등 문제에 대한 관심은 관심에만 그치지 않고 변화에 이바지할 수 있는 작은 봉사와 실천 과정들로 일관되게 이어졌다. 그 결과 아시아 최대 청소년 콘퍼런스인 KSCY(Korea Scholar's Conference for Youth) 국제 트랙에도 참가하여 경제적 원조가 개발도상국 경제에 어떻게 기여하는지에 대한 연구 계획을 바탕으로 논문 작성 과정을 배우는 한편, 경영학 교수로부터 논문을 발전시키기 위한 지도와 진로 상담을 받는 기회도 얻게 되었다.

아들에게 어떤 길이 맞고 빠르다거나 어떤 진로가 좋아 보인다고 강요하지 않았다. 오직 기다려 주고 믿어주고 지지해 주는 서포터의 역할에 충실했다. 아들은 그렇게 다양한 꿈들을 경험하며 자신이 관심 있고 잘하는 것들을 연결해 나갔다.

대학 합격 후 살펴본 아들의 스펙에는, 만점에 가까운 시험성적도 대학 수준의 논문도 뛰어난 국제대회 수상도 없었다. 부족한 스펙이라는 평가를 들은 적이 있을 정도였다. 하지만 어릴 때부터 쌓아온 삶의 경험을 토대로 쌓아온 '글로벌', '경제', '정의'라는 큰 주제들이 삶과 함께 어우러지며 관통하는 메시지가 에세이와 지원서에 녹여진 것이 입시의 벽을 넘을 수 있었던 경쟁력이 되었던 것 같다.

아이들은 누구나 무언가에는 관심이 있고 재능이 있다. 우리 아이는 그런 게 없다고 하는 부모는, 자신이 원하는 것을 아이가 하지 않아서 그렇게 느끼거나, 아이와 소통이 부족한 탓이다. 분명 누구나 자신만의 관심과 타고난 재능이 있다. 어릴 때부터 서점이나 과학관, 여행 등을 데리고 다니며 흥미를 느끼는 분야가 무엇인지 잘 살펴볼 필요가 있다. 아들의 경우 남자아이라 스포츠를 좋아하지만, 수학과는 대조적으로 과학에는 전혀 흥미가 없었다. 다양한 직간접 경험을 해 보아야 무엇을 좋아하고 잘하는지 알 수 있기 때문에 흥미를 느끼는 분야가 있다면 더 깊은 몰입과 지적 자극을 불러일으키는지 또 다른 경험을 제공해 주어야 한다.

국가가 운영하는 도서관, 과학관, 박물관 등을 검색해 보면 자녀의 연령대와 역량에 맞게 안내할 수 있는 체험, 봉사, 전시, 대회 등 연령에 맞는 다양한 정보들이 정말 많다. 또한 잡월드나 진로넷, 커리어넷 등 공신력 있는 기관에서 이용할 수 있는 진단 검사나 진로 프로그램, 학부모 교육에 참여해 아이와 아이가 살아갈 세상에 대한 이해를 넓혀가는 것도 필요하다.

아이가 자라가며 관심 분야가 좁혀진다면 대학교나 기관 등에서 학문과 실무에 대해 작은 것이라도 공부하거나 멘토링을 경험해 보기 바란다. 훨씬 깊이 있는 경험을 할 수 있다. 국내외 대학에서 청소년을 대상으로 하는 캠프나 학술제, 외교부 등 주요 부처나 기관에서 진행하는 인턴쉽이나 해외 프로그램 등을 찾아 활용할 수 있다. 비슷한 관심사를 공유하는 실력 있는 또래나 선배들과 더 깊게 탐구함으로써 어떤 분야에 재미로 시작된 관심이 학문으로 깊이 탐구하고자 하는 열정과 확장된 스토리로 발전할 수 있다.

　이런 과정으로 성장해 온 아들의 꿈 찾기는 대학생이 된 지금도 여전히 현재 진행형이다. 어릴 때부터 쌓아온 세상을 향한 관심과 경험 덕분에 더 큰 꿈을 향해 어느 때보다 열심히 공부하고 있다. 아이가 원하는 꿈을 찾아가는 여정이 때로는 돌아가는 것 같고 오래 걸리는 것 같더라도, 부모로서 기꺼이 함께 탐험하며 갈 만한 가치 있는 길임을 소중한 아이를 둔 모든 부모에게 말해주고 싶다.

14

세상에 기여하는 경험이 가진 힘 : 어떻게 더 나은 세상을 만들 것인가

최근 알게 된 미국인 가정이 있다. 미국인 엄마와 세 딸이 함께 식사할 기회가 생겨, 한국 음식을 대접하며 대화하는 시간을 가졌다. 7살에서 13살까지인 다섯 아이 중 큰딸과 둘째 아들은 친자녀이지만 나머지 세 아이는 어릴 때 인도와 중국에서 입양했다고 했다. 이 가족이 기숙사 옆집으로 이사 오던 날 할리우드 스타 안젤리나 졸리 가족이 연상되어 마냥 신기하기만 했다. 입양한 자녀들이 언젠가는 친부모를 만나게 될 날을 기대하며, 그들의 행복을 위해 매일 함께 기도한다는 엄마의 말과 아름다운 가정의 모습에 잔잔한 감동을 하였다.

세상에는 나 혼자 살기에도 바빠 여유가 없고, 내가 낳은 자녀를 키우기 위해 가능한 많은 물질과 시간을 쏟아붓기에도 에너지가 부족한 경우가 대다수다. 그런데, 왜 이 사람들은 어린 두 친자녀를 키우기에도 벅찰 상황에 피부색이 다른 아시안 아이들까지 멀리 데려와 비용을 들여 공부시키고 친자식과 같은 사랑으로 키울 수 있는 것일까.

비단 이 가정뿐 아니라 이곳에서 생활하다 보면 본인들이 즐길 수 있는 물질과 시간과 재능을 보다 나은 세상을 만들고 어려운 사람을 돕기 위해 사용하는 여러 나라 사람을 만나게 된다. 세상에서는 일하고 돈을 버는 목적이 자신의 소유와 성공이라면, 이곳에는 타인과 더 나은 세상을 위한 섬김이라는 가치에 기꺼이 동참하는 사람들이 모여 있다. 한 교실에 적힌 글귀처럼 많은 이들이 진리에 굳건히 서서(Grounded in Truth), 관계 안에서 성장하고(Growing in Relationship), 사랑으로 흘려보내는(Giving in Love) 삶을 살기 위해 노력하는 것이다.

오래전 이곳에 왔을 때 나도 이 가치관의 사람들 덕분에 다시 일어서고 회복할 수 있었다. 그러다 보니 자연스레 비슷한 생각을 하게 되었고 아이도 그렇게 키우고자 노력했다. 누군가의 사랑과 도움으로 삶에 대한 희망을 얻었다면 나도 누군가에게 힘이 되고 가진 것들을 나누며 살아가야 한다는 가치관의 변화를 겪으며 조금씩 행동하게 되었으니 말이다.

세상을 바라보는 기준과 시야를 나에서 남으로 확장하고 내 성공

과 부만을 위함이 아니라 더불어 잘 살기 위한 노력으로 변화하게
된 것은, 아이와 함께한 아웃리치에서의 가장 큰 선물이었다. 처음
이곳에 올 당시에 나는 내가 이 세상에서 제일 힘들고 불쌍해 보였
다. 도움을 주기 위해 떠나게 된 아프리카는 원래 가난한 곳이니, 나
랑 상관없는 곳이라고 생각했었다. 그러나 내가 할 수 있는 한 걸음
을 뗄 때 누군가는 하루를 살아갈 힘을 얻고 또 자신이 속한 곳을 도
울 수 있는 선순환이 일어남을 이곳에서 경험할 수 있었다.

아이는 늘 현장에서 나와 함께 있었다. 보육원에서는 아이들의 친
구가 되어주고 장난감이 필요한 아이에게는 자신의 것을 빌려주었
다. 거리의 쓰레기를 줍고 세차 활동을 돕는 등의 눈높이 봉사활동
을 하며 생각을 키워갔다. 내 자신의 편안함을 추구하지 않고 누군
가를 돕는 삶의 가치를 여러 나라에서 하나씩 배워갔다. 그 생각의
파장은 나이지리아와 피지의 친구와 고아들을 도울 수 있으려면 좀
더 실력 있는 사람이 되어야겠다는 생각의 확장으로 이어졌다.

한국에 와서도 어릴 때의 경험 때문인지 남을 돕고 나누는 것에
인색하지 않았다. 적은 용돈을 쪼개 길거리 노숙자에게 기부하고 그
들의 물건을 사주는 행동을 당연한 듯 늘 실천했다. 아이가 직접 국
내외 기부단체에 일정 금액을 후원하고 소식을 나누는 모습을 바라
보며 따뜻하고 이타적인 아이로 성장하고 있음을 느낄 수 있었다.

지구 반대편 오지를 가지 않아도 우리나라 내에도 도움이 필요한 곳은 많았다. 여름 봉사활동으로 충북 괴산의 교회와 지역 어르신들을 돕는 아웃리치를 하며, 외로운 어르신들의 친구가 되어드리고 교회와 마을의 오랜 묵은 때를 벗기는 대청소를 하고 맛있는 음식을 대접하며, 지역은 다시 활기를 찾고 힘이 되어주는 공동체가 있음에 행복한 시간을 보냈던 기억이 난다. 아프리카에는 구조적인 빈곤으로 나라 전체가 어려움에 빠지는 문제가 있다면 수도권에서 그리 멀지 않은 우리나라 시골 마을에는 일할 젊은이들이 대부분 대도시로 떠나고 어르신들이 텅 빈 마을을 지키며 근근이 생활을 유지하는 또 다른 문제를 보았다. 아들은 비록 초등학생이었지만 뉴스에서 보던 지방 공동화 현상, 수도권과 지방의 심해지는 지역 격차, 젊은이들의 대도시 쏠림 현상 등을 직접 목격했다. 이 의미 있는 경험은 경제론적 관점으로 관심이 확장되어 대입 지원 에세이에 특별한 이야기를 담을 수 있는 소재가 되었다.

가끔, 한 번의 봉사활동이 그리 대단한 의미가 있을까 생각 들 때도 있었다. 근본적으로 그들의 구조적 시스템이 바뀌지 않는 한 힘든 상황의 사람들은 계속 힘들고 남의 도움만 받으려 한다는 생각이 들기도 했다. 하지만 설령 그렇다 할지라도 어려운 사람들이 필요로 하는 작은 도움을 준다면, 그 도움이 쌓여 세상은 조금씩 변화되어

간다고 믿으며 나와 아들의 소중한 마음들을 쌓아나갔다.

세상을 보다 나아지게 만드는 것은 꼭 저소득층을 돕고 후진국에 가야만 할 수 있는 건 아니었다. 전학을 가게 되었던 학교는 기존 학교와는 달리 작은 학교였기 때문에, 많은 도움이 필요했다. 아들은 학생회에 해당하는 Student Council에 자발적으로 임원이 되어 여러 행사와 모금 활동을 기획 및 운영하였다. 때마다 쉼터에 가서 노숙자들의 식사 보조를 담당하고 저소득층을 위한 김치 봉사와 연탄 봉사 등을 할 때 행사를 준비하고 작은 학교를 대표하는 역할을 담당하였다.

앞에서 언급했던 야구 통계 번역 블로그를 운영했던 노력 또한 영어를 잘하지 못하는 사람들을 위해 올바른 문장으로 번역하는 기여였다. 많은 시간과 공을 들여 당시 국내에는 없던 야구 통계 블로그를 주도적으로 운영하는 기회가 되었고, 자신이 가진 재능으로 누군가에게 도움을 줄 수 있음에 감사함을 느끼는 소중한 경험이 되었다. 또한 친구들끼리 클럽을 만들어 영어 동화책 번역 프로젝트를 주도해 책이 부족한 후진국에 보내는 활동 또한 자진해서 행했다. 그 무엇보다, 자신이 가진 재능을 누군가의 더 나은 삶을 위해 나누는 성숙한 가치관을 지니게 되어 정말 기특한 마음이 든다.

아들이 대학 입학 에세이를 준비할 때 전문가한테 글의 수준이 어느 정도인지 물어본 적이 있다. 그분은 대답이 조심스럽다는 표정을 지으면서도 입시를 준비하는 다른 나라 학생들을 다 포함해 "I think it's the best"라는 전혀 기대치 않았던 답변을 들려주었다. 7살 때 아프리카를 다녀온 경험 자체도 흔치 않지만, 그보다 어린 눈으로 세상의 불공정을 바라보고 거기서부터 시작된 큰 비전과 국내외 경험으로 세상을 조금 더 나아지게 만들고자 노력했던 진심과 열정이 에세이 가득 묻어났기 때문이었다. 단연코 대학입시나 스펙을 위해 그 시간을 억지로 만들지 않았다. 진심으로 이 세상이 조금씩 변화하길 바라는 마음이었다. 우리가 누군가의 도움으로 더 나은 삶을 살 수 있게 되었듯이, 같은 마음으로 행한 노력이었다. 결국 그 마음이 있었기에 아들에게 좋은 결과가 있었음이 분명했다.

15

롤모델의 재발견 :
가족은 어떤 역할을 해야 하는가

'한 아이를 키우려면 온 마을이 필요하다'라는 아프리카 속담이 있다. 한 아이가 온전한 성인으로 자라도록 돌보고 교육하는 일은 한 가정만의 책임이 아니라 이웃 공동체와 지역 사회의 관심과 지원이 필요하다는 뜻이다. 아들이 일곱 살이던 해부터 스무 살이 될 때까지 내가 엄마로서 주 양육자임에는 분명하지만, 반듯하게 성장하기까지 너무나 많은 분의 도움과 지원이 있었다. 15년 전 삶을 포기하고 싶을 만큼 절망적인 상황 중에 도망 온 이곳에서 나를 살아나게 한 건 따뜻한 사랑의 공동체였다. 학교, 병원, 경찰서, 보험사 등의 어려운 업무를 함께 처리해 주며 우리 모자의 일에 함께 웃고 울어 준 많은 분의 격려와 지지가 다시 일어서게 했고, 그 사랑으로 힘을 내어 어린 아들을 키울 수 있었다.

무엇보다 아들이 한 사람의 성인으로 바르게 자랄 수 있었던 데는 부모님을 비롯한 가족들의 헌신적인 사랑의 역할이 가장 크다. 그중 엄마가 채워줄 수 없는 멋진 남성으로서의 롤모델이 되어준 가족들이 있어 가치관이 바로 서고 실력을 갖춰가도록 자랄 수 있었다. 자식을 낳아봐야 부모의 마음을 안다고 하는데, 딸과 외손자를 바라보는 부모님의 그간 마음고생이 어떠했을지 그리고 두 분의 평생에 걸친 기도의 축복이 나를 거쳐 아이들에게까지 흘러가고 있음이 시간이 갈수록 명료해진다.

아버지는 가난한 집안에서 자라 단돈 700원으로 결혼생활을 시작했지만, 엄청난 노력과 성실함으로 사업체를 일구었고 그 무엇보다 가정을 최우선 순위에 두며 평생 절제된 생활의 본을 보여주셨다. 아들이 어릴 때 가족 중 누가 제일 좋냐고 물으면 외할아버지라고 답할 만큼 외할아버지와 손자 관계라기보다 친근한 아빠와 늦둥이 아들 관계로 보는 사람도 많았다. 작은 일에도 손자와 대화하며, 어떻게 관계 안에서 처신하고 리더쉽을 발휘할 수 있는지 그리고 남자라면 가정을 책임지기 위해 생활력 있는 실력을 갖추고 위기관리를 해야 함 등에 대해 몸소 삶에서 닮아가도록 롤모델이 되어주셨다.

주말에는 프로야구장에 함께 가고 손자의 장래가 밝도록 물심양면으로 애써주셨다. 시간 관리와 메모하는 습관을 늘 강조하며 반듯하게 살아오신 삶의 모습 덕분에 아들이 아빠 없는 빈자리를 많이 느끼지 않고, 지금에 이르렀음을 확신한다. 남자아이들이 학창 시절 대부분 경험한다는 담배의 유혹에도 자기 절제하는 모습은 마치 아버지의 모습을 보는 듯했다. 백 마디 말이나 잔소리보다 본이 되어 삶에서 보여주는 실제 모습이 가장 힘 있는 교육임을 깨닫게 되었다.

또 한 명의 롤모델은 아들의 외삼촌이다. 어릴 때부터 외삼촌과 조카가 참 많이 닮은 외모 덕분인지 유달리 친밀한 관계였다. 취미나 유학 생활 노하우도 공유하고 엄마한테 말하지 못하는 여자친구 문제도 상의하는 남다른 사이다. 내가 아들의 재능과 적성을 발견하도록 기다려 줄 수 있던 믿음에는 부모님의 영향이 컸다. 남동생은 클래식 음악 연주가인데, 보수적인 경상도 어른들의 사고방식에서 한 집안의 장손을 장래가 불투명할 수 있는 예술가로 키우기로 결정하기란 정말 쉽지 않았을 것이다. 그런데도 부모님은 남동생의 음악에 대한 열정과 재능을 인정하고 그 꿈을 이룰 수 있도록 한결같은 응원과 지지를 보내주셨다. 남동생은 악기를 처음 시작할 당시에는 별로 잘하지 못했지만, 부모님의 지원과 자신의 노력 덕분에 자기 분야에서 국내 최고의 연주가가 되었다. 현재 유럽 교향악단에서 수

석 단원으로 활동하며 세계를 무대로 활동하는 동생을 보면 누나로서 참 대견하고 자랑스럽다.

아들은 어릴 때부터 외삼촌이 자신의 꿈을 이루고 탁월함을 위해 노력해 온 많은 시간을 가까이서 보며 자랐다. 동생이 지금 위치에 있을 수 있는 이유는 하루도 빠지지 않고 몇 시간씩 연습하는 성실함 덕분이다. 아들은 외삼촌이 비가 오나 눈이 오나 1년 365일을 매일 연습에 임하는 성실한 태도와 끈기를 가장 가까이에서 지켜보았다. 자신이 좋아하는 진로를 정하고 꿈을 이루기 위해 얼마나 큰 노력을 해야 하는지, 유능함과 실력을 발휘하고 유지하기 위해 때로 엄청난 인내와 유혹을 견디는 것이 필요함을 생생히 배울 수 있었다. 또한 자기 분야에서 국내 정상에 섰음에도 소탈하고 겸손한 태도를 보며, 자신의 미래 모습을 꿈꾸고 사람을 대하는 태도를 미리 내재화하는 가장 좋은 롤모델로 삼게 되었다.

그리고 또 한 사람. 아들이 크고 작은 성장통을 겪고 지금의 자랑스러운 대학생이 된 데는 새 아빠인 남편의 역할을 빼놓을 수 없다. 새 아빠라는 호칭이 이젠 더 이상할 만큼 친아빠보다 더 긴 세월을 함께하며, 아들이 좌충우돌 성장기를 거친 뒤 지금의 성과를 얻을 수 있도록 든든한 울타리가 되어주었기에 정말 고마운 존재이다. 남편은 내게 아버지가 안 계셔도 훌륭하고 멋진 남성으로 클 수 있다는 희망이 되어준 사람이기도 했지만, 아들에게도 하와이 열방대학 때부터 잘 따르던 삼촌으로 긴 시간을 함께했다. 그러나 몇 년 후 새 아빠의 존재로 받아들이기는 쉽지 않았을 것이다. 남편 또한 생각지도 못하게 제주도에 있던 사춘기 아이가 유급으로 전학한다고 집에 들어와 있으니 당시 크게 내색은 안 했지만, 쉽사리 상황을 받아들이기 쉽지 않았을 것이다. 그러나 여러 번 피가 끓는 10대 아들의 성숙하지 못한 말과 행동에도 남편은 큰소리 한 번 낸 적 없이 아들을 그 자체로 이해하고 사랑하려고 노력하였다.

사춘기 아들을 키우다 보면 부모의 분노를 유발하는 여러 사건이 생긴다. 어떤 가정은 방문이 부서지고 노트북이나 핸드폰이 박살 나는 경우가 드문 일이 아니라고들 했다. 아들도 보통의 사내아이이여서 돼지우리 같은 방으로 속을 뒤집고 너무 오랜 게임으로 핸드폰에만 몰두하는 것 때문에 엄마인 나도 핸드폰을 부숴버리고 싶은 충동이 강하게 일어날 때가 많았다. 그럴 때마다 남편은 내가 도저히 이해 못 하는 부분까지 같은 남자 관점에서 이해하고 오히려 나를 다독이며 아들과 가까워지려고 노력해 주었다.

그런 남편의 진심은 시간이 가며 아들에게 전달되었고, 자신의 경험담으로부터 진로 설계 과정을 조언하고 한 단계 앞을 내다보며 준비할 수 있도록 좋은 멘토의 역할을 담당해 주었다. 삶에서 가족을 소중히 여기며 실력 있고 성실한 인재로 자리매김하는 것의 중요성과 노하우를 많이 들려주며, 앞으로 본인이 나아갈 길을 잘 예측하고 당당하게 살아가도록 좋은 롤모델이 되어주고 있다.

결손 가정, 아빠 없는 아이, 재혼가정 자녀와 같은 표현들은 어딘가 아이에게 문제가 있고 정서적 결핍이 있으며 성격적 결함이나 관계의 어려움을 드러낼 거라는 선입견이 존재한다. 아들에게도 그런 부분이 있을 수 있고 앞으로 더 다듬어져야 할 부분 또한 분명히 많이 있다. 그러함에도 아들이 경험한 어린 시절의 결핍은 우리 가족을 더 하나 되게 만들었고 유능하고 책임감 있는 남성이란 어떤 것인가를 본이 되어 삶에서 보여주는 가족들 덕분에 아들의 지금 모습에서 결핍을 거의 느낄 수 없다. 혹 어떤 결핍이 있더라도 자신을 한결같이 지지하고 사랑해 주는 사람이 있기에 잘 자라왔음을 믿는다.

16

마음의 근력 키워주기 :
회복탄력성이 높아야 성공할 수 있다

하와이의 캠퍼스 학생들이 아프리카 카메룬으로 아웃리치를 떠났다. 머리가 길고 숱이 많은 20대 여학생에게 짧게 자르고 가는 게 나을 거라고 말해주고 싶었지만, 괜히 참견한다고 느낄까, 잘 다녀오라는 말만 건넸다. 그런데 역시 아프리카는 아프리카였다. 물이 안 나와 5일째 머리를 못 감고 먹을 게 부족해 울고 있다는 얘기가 들려왔으니 말이다. 돌아가며 코로나, 장티푸스, 말라리아 등으로 고생한다는 안타까운 이야기를 들으며, 더욱 열악했던 15년 전, 7살짜리를 데리고 한 달을 살아냈다는 것이 놀랍기도 하고 뿌듯한 마음마저 들었다.

먹고 마시고 교육받을 기본 권리를 누리지 못하는 나이지리아와 피지 사람들의 어려움을 보며 문득 내 인생의 어려움과 비교하게 될 때가 있다. 그러다 보면 내게 감사할 것이 훨씬 많다는 것을 보게 된다. 이후로도 힘든 순간들이 올 때마다 마음을 다독이고 가진 것들에 감사하며 어려운 위기를 넘어갈 수 있는 소중한 경험이 되어주었음은 물론이다. 아들 역시 내가 느낀 감사함을 경험하며 커가기를 바랐다. 여러 어려움을 만나더라도 여전히 사랑받고 가치 있는 존재이며 누군가는 나를 지지한다는 믿음을 가지고 자신 있게 살아가길 바랐다.

엄마의 마음으로 아들이 더 이상의 힘든 일은 겪지 않기를 바랐지만, 아들이 초등학교 1학년 때부터 가장 친했던 친구가 4학년 때 추락사로 하늘나라에 가는 큰 이별을 겪게 되었다. 그 슬픔이 채 사그라들기도 전에 제주도에서 가장 친한 또래 그룹 4명 중 이러저러한 이유로 하나씩 전학을 가더니 몇 달이 안가 이내 아들 혼자만 남게 되었다. 아마 그때의 경험 때문에 더 공부에 집중 못 하고 낙제가 된 것 같아 당시에는 큰 걱정이었다. 혹시 아들에게 예기불안 같은 게 생기지 않을까 하는 마음이 들었다. 사랑하는 사람들이 하나씩 떠나가는 상황을 아이가 어떻게 받아들일지 가여운 마음과 함께 염려되는 마음이 들었다. 사랑하는 사람이 떠날 수 있는 두려움을 가지기보다, 언제나 하나님과 가족들의 사랑을 받고 있음을 알려주고 싶었다. 슬프고 불안한 마음을 헤아리고 때로는 같이 울면서 늘 곁에 있다는 안정감을 주려고 노력했다.

그래서였을까. 2번을 낙제하고 강제로 전학까지 가야 했던 상황도 담담하게 받아들이는 듯했다. 분명 학생으로서의 본분을 성실히 행하지 않음에서 오는 잘못은 분명 반성할 일이지만 그 때문에 자신이 무가치하거나 실패자라고 느끼지 않고 이 상황을 새롭게 시작할 가능성의 시간으로 바라볼 수 있도록 많은 이야기를 나누었다. '반전 있는 드라마의 주인공이 되어보자'라는 우리만의 결심은 그 과정을 잘 지나가 새로 전학을 가게 된 학교에서 학업의 우수함을 보이는 결과로 이어졌다. 아무리 암담한 상황이라도 실패에서 교훈을 배우고 잘 견디어 나가면 선한 결과로 이어질 수 있다는 삶의 교훈을 직접 배우는 계기가 되었다.

이를 경험해 볼 상황이 몇 년 후 다시 찾아왔다. 아들은 가족 같은 작은 학교가 좋긴 하면서도 경험할 수 있는 교내 활동이 제한적이다 보니 언제부터인가 답답함을 느끼기 시작했다. 미국에서 미리 공부해 보기를 간절히 원한 아들을 위해 기회를 찾던 중 미국 국무부에서 운영하는 공립 교환학생 프로그램을 알게 되었다. 홈스테이를 제공하는 가정에 1년간 머물며 지역 공립 고등학교에 다니면서 미국 문화와 교육 등을 비교적 저렴한 비용으로 체험할 좋은 기회라는 생각이 들었다. 우수한 영어성적 덕분에 100만 원의 장학금까지 받고 설레는 마음으로 중학교 3학년 때 1년을 계획해 미국으로 떠나게 되었다.

그러나 기대와는 달리 정부의 까다로운 자격 심사를 어떻게 통과 했을지 의심스러울 정도로 빈곤한 조지아주의 홈스테이 가정에 배 정되었다. 처음엔 몰랐지만 엄마와 딸 모두 10대 때 아빠 없는 아이 를 낳아 젊은 3대가 한집에 살며 가족끼리 매일 싸우고 변변한 수입 이 없어 매달 정부의 지원금을 다 쓰고 나면 먹을 것조차 없었던 열 악한 가정이었다. 게다가 배정된 학교는 천 명 가까운 재학생 중 동 양인은 아들 한 명밖에 없어 모든 학생이 외계인 쳐다보듯 하며 적 지 않은 인종차별 속에 학교를 다녔다. 홈스테이 가정의 적절한 보 살핌이 이루어지지 않음에 대한 항의와 변경 요청 등을 하는 동안 시간은 흘러가고 아이는 하루하루 버텨가기 위해 혼자 많은 노력을 했다. 그 외로움과 열악한 환경을 공부로 이겨내기 위해 우수한 학 생들만 신청 가능한 Honor Class를 수강하고 방과 후 모의 법정 클 럽에 참가하여 변호사의 꿈을 이루고자 학업에 몰입하며 어려운 시 간을 견뎠다. 그 고립된 상황에서도 HOBY 재단에서 진행한 외교 글쓰기 대회에서 〈북한이 핵을 포기해야 하는 이유〉에 대한 에세이 를 써서 1등 상에 해당하는 대사관 상을 받기도 하였다.

그렇게 견디던 어느 날, 아버지의 친구 분이 조지아주 여행을 갔 다가 친구 손자가 있다는 소식에 아들을 방문해 주셨다. 그러나 환 경이 너무나 열악하고 아이가 우울함으로 표정이 없는 것을 보고는 한국으로 전화해 마구간 같은 집에서 당장 나오게 하고 한국으로 돌아가는 게 좋겠다고 강력하게 권하는 것이었다. 사실 그때까지만 해도 아들이 힘들다고 얘기하는 것이 엄마에게 부리는 어리광이려니 하고 안이하게 생각한 면이 있었다. 하지만 직접 아이의 상태와 처한 환경을 보고 조언하시는 아버지 친구 분의 단호함에 결국 교환학생 중도 포기 의사를 밝히고 한국으로 들어오도록 했다.

아들은 계획된 1년에 훨씬 못 미치는 4개월만 마치고 돌아왔다. 끝까지 노력하려 했던 최선의 노력과 너무 지치고 힘들었지만 완주하고자 했던 그 마음을 높이 사면서, 살다 보면 내 뜻대로 안 될 때도 있고 더 나은 삶을 위해 이쯤에서 그만해야 하는 법을 배운 아픔의 시간이었다. 자신의 의지와 상관없이 벌어진 상황에서도 최선을 다했고 중간에 그만두어야 했지만 아들은 다행히 자기중심을 잃지 않았다.

회복 탄력성. 다양한 역경과 시련을 도약의 발판으로 삼아 더 높이 뛰어오르는 마음의 근력이라고 사전에 나와 있다. 아무리 밟고 구겨지고 심지어 찢어져도 그 가치는 그대로인 1만 원권 지폐 비유가 있다. 뒤돌아보니 힘들고 실패로 느껴지는 상황들 속에서도 자신의 변치 않는 가치를 믿고 앞으로 나아가도록 버텨주었던 시간이 소중하게 느껴진다. 내 뜻과 계획대로 되지 않아 실패처럼 느껴지는 적도 많지만, 또 반대로 내 뜻과 계획대로가 아닌 뜻하지 않은 좋은 일도 생기는 법이니까 말이다.

부모로서 자녀의 실패를 원하는 사람은 아무도 없다. 일부러 고난을 강요하지도 않는다. 하지만 실패와 어려움은 누구에게나 필연적으로 찾아온다. 그럴 때 나는 아이의 마음 근력을 강하게 하기 위해 다음과 같이 노력했다. 첫째는 잘못된 행동(Doing)에 대해 실패한 것은 반성하도록 하지만 아이의 존재(Being)가 실패자로 느껴지지 않도록 말이나 행동을 조심하려고 했다. 실수든 아니든 누구에게나 나쁜 일은 일어날 수 있기에 자존감을 깎아내리는 말과 행동을 하지 않으려 노력했다. 둘째는 실패를 새로운 시작의 가능성이나 나를 성장시키는 배움의 기회로 바라보고 재해석하도록 엄마인 나부터 노력했다. 그 후 아이에게 그 경험의 의미를 찾도록 가르쳤다. 2번의 낙제가 그냥 실패로 끝나지 않을 수 있었던 이유 역시 그 상황을 기회로 바라보고 활용할 수 있었기에 가능했다. 그리고 무엇보다 중요한 세 번째 노력은 '그의 뜻대로 부르심을 입은 자들에게는 모든 것이 합력하여 선을 이루시느니라(롬 8:28)'는 성경 구절처럼 모든 어려운 상황들이 결국엔 합력하여 선을 이루게 될 것이라는 믿음을 잃지 않는 것이다. 그 믿음은 여전히 내 삶을 견인하는 중요한 동인이 되어주고 있음은 물론이다.

아들이 좋아하는 프로야구로 회복탄력성을 비유하자면, 2아웃

2스트라이크까지 지고 있더라도 마지막 홈런 한 방이면 승부가 바뀌고 막판 역전할 수 있는 가능성이 생긴다. 아이들의 인생도 끝까지 한번 지켜보며 함께 가볼 일이다. 우리는 아무런 실패도 어려움도 없는 평탄한 인생을 바라지만, 그런 삶은 존재하지 않는다. 예상치 못한 상황에 대한 실패와 어려움을 견디어 나갈 때 마음의 근력이 생기고, 좀 더 잘할 수 있는 유능함이 생긴다. 안전한 엄마의 품 안에 있을 때 넘어지고 일어나는 연습을 여러 번 꼭 해 봐야 하는 이유다.

17

내 아이를 돋보이게 만드는 선택과 결정
: 경험은 점수가 아니다

아들이 지원했던 2020년 대입 전형에서 UC Berkeley는 약 88,000여 개의 지원서를 받았고 이 중 15,000여 명의 지원자만 합격의 기쁨을 누렸다고 한다. 전 세계에서 지원한 7만여 명의 뛰어난 지원자들이 합격하지 못한 치열한 경쟁에서, 그리고 더 좁디좁은 문인 인터내셔 널 전형에서 여러 가지로 스펙이 부족했던 아들이 합격했다는 사실 이 처음엔 잘 믿기지 않았다.

경험으로 보건대, 대학 입시는 아이의 역량이나 스펙 또는 부모 의 정보력이 뛰어나다고 해서 경쟁의 우위에 있다고 누구도 단언할 수 없다. 한국대학도 그러하지만, 미국대학은 정량적으로 수치화된 학업 성적뿐 아니라 다양한 활동과 수상 내용 등을 기재한 포트폴리오를 포함하는 비교과적 영역과 에세이, 추천서 등을 정성적으로 평가하는 비중이 매우 높다. 다시 말하면 정량적으로 수치화된 점수로 합격자의 몇 배수를 걸러내는 입시의 예선이 있다고 할 때, 본선은 한 원서당 10분 남짓 머무른다고 알려진 입학사정관의 시선을 사로잡는 포트폴리오와 에세이가 너무 중요하다는 말이다. 수년간 전 세계의 뛰어난 수만 명 지원자 원서를 평가해 온 관점에서 보면 당연하지 않겠는가. 물론 여기에도 운이라는 게 작용할 테지만, 내 아이의 지원서가 일단 입학사정관의 합격자 풀에 들어가도록 하기 위한 전략을 잘 짜는 것이 당연히 중요하다. 우리나라 엄마들은 모든 시험을 얼마나 잘 보았고 공부를 얼마나 잘했으며 남들보다 얼마나 많은 선행학습을 했는지에 관심을 두지만, 입학사정관들은 전혀 다른 관점으로 보는 것 같다. 앞으로 대학의 명예를 빛내고 세상을 변화시킬 경쟁력 있는 학생을 선발하기 위해 얼마나 일찍부터 눈이 뜨여 세상에 이바지할 올바른 관심과 행동의 경험이 확장되어 갔는지를 훨씬 중요하게 여기고 있다.

입시 여정을 뒤돌아보니 사실 아이의 인생 가운데 마주했던 크고 작은 선택이 가장 중요한 전략이었다고 생각한다. 어릴 때는 대학 입시를 염두에 두고 한 선택들이 결코 아니었지만, 결과적으로는 아이의 행복을 놓치지 않고 잠재력을 최대한 끌어내기 위해 선택했던 결정들이 입시에서도 경쟁력을 가질 수 있었던 것 같다. 제주국제학교와 작은 학교로의 전학, 꿈을 찾아가기 위해 경험하도록 했던 활동들, 그리고 어릴 때부터 빈틈없이 준비해 온 특목고 학생들과의 경쟁을 생각할 때 수능을 보지 않는 외국대학으로 일찌감치 선택한 결정 등도 이에 해당할 것 같다.

그 외엔 아이가 스스로 공부에 의미를 부여하고 좋은 대학 입학의 의지가 있던 중학교 3학년 무렵부터 그 꿈을 이루도록 엄마로서 할 수 있는 최선을 다하고 적극적으로 방법을 모색했다. 어떤 한 분야에 뛰어나거나 되고자 하는 게 확실한 아이들은 거기에만 몰두하도록 관련 활동을 하면 되겠지만 아들의 경우, 하고 싶은 게 자주 바뀌다 보니 여러 가지 많은 경험과 체험을 하게 했다. 고등학생이 되고 나서는 본인의 관심과 흥미를 따른다는 기본 전제하에서 전략적으로 경험하도록 부모로서 최선의 서포트를 하려고 노력했다.

이러한 모든 경험을 바탕으로 500자 내외의 짧지만, 특별한 스토리를 담아낸 에세이를 잘 작성하는 작업은 무엇보다 중요한 전략이었다. 에세이 안에 삶의 스토리와 가치관이 분명히 보여야 했다. 아이의 이미지가 명확히 그려지도록 여러 흩어진 경험을 잘 엮는 것은 정말 중요한 작업이었다. 아들의 삶을 돌아보며 학교 성적과 각종 표준화 점수가 최우수 그룹에 속하지 않는 한계를 남들이 갖지 못한 성장 스토리에서 전략적으로 찾아야 했다. 먼저, 7살 어린 나이에 아프리카 봉사활동을 다녀온 아이가 같은 경쟁자 중에 얼마나 있을까 생각해 보았고, 거기서부터 이야기를 시작했다. 아들의 경험을 관통하는 주제가 '글로벌'과 '경제'임을 기본에 두고, 7살의 어린 눈으로 아프리카를 경험하면서 알게 된 불공정의 이슈 그리고 세상을 보다 공정한 곳으로 바꾸고자 공부와 관련된 활동을 하나로 연결되게 응축되도록 에세이를 작성하도록 이끌어 주었다.

고등학교 저학년 때는 아이와 함께 무료 입시 컨설팅이나 설명회에 참석해 필요한 정보를 들었다. 입시 경향과 아이의 객관적인 상태는 어떠하며 작은 학교의 단점을 어떻게 상쇄할 수 있는지에 관해 공부했다. 그리고 고3이 되기 전 여러 설명회를 비교하고 분석해 가장 진정성 있고 신뢰할 만한 결과를 내는 컨설턴트를 찾아 상담을 받고 아이의 자원으로 최선의 결과를 만들어 낼 방법을 함께 모색했다.

아들이 전공을 하길 원했던 '경제' 분야는 수험생들이 가장 선호하고 경쟁률이 높은 전공이다. 어릴 때부터 완벽한 글로벌 스펙을 만들어 온 학생들에 비하면 경쟁력이 부족할 수 있었다. 그런 상황에서 컨설턴트는 학부 단과대학의 빅 데이터를 기반으로 경제 전공이 속해있는 UC 버클리의 Letters and Science 단과대학을 분석해 주었다. 미국대학의 경우 전공별 정원과 무관하게 2학년까지는 교양 과목 위주로 공부하고 있었다. 3학년 때 최종 전공을 정하므로 다른 학교보다 경쟁이 치열한 Economics 전공보다는 아이의 동북아 관련 경험을 어필할 수 있는 단과대학 내 East Asia 전공의 합격을 노리는 것이 필요하겠다고 판단했고, 이 전략은 적중했다.

최종 입시의 관문에는 전략이 필요하다. 아이가 자신의 유능함을 드러내며 살아갈 수 있는 첫 단계인 대학 입시에서 실력은 기본, 요령이 아닌 비용 대비 가장 효과가 높은 방법을 선택해야 한다. 아이한테 맞고 가장 돋보이게 할 수 있는 맞춤 전략을 엄마는 최선 다해 길을 찾고 적극적으로 지원해 주어야 한다. 대학 입시를 마무리하기까지의 긴 마라톤 여정에서 장기적으로는 내 자녀가 가진 잠재력을 최대로 끌어낼 수 있는 환경과 지원을 적절하게 제공하는 것이 중요하다.

아이가 어릴수록 다른 아이와의 경쟁과 비교가 기준이 되어서는 안된다. 아이의 역량, 흥미와 관심, 기질 및 성격, 심리 정서, 나이와 학년 등을 고려해야 자기다움을 찾아가는 바른 교육이 될 수 있다. 아들의 경우 지나친 경쟁에서 잘 견디거나 어릴 적부터 학습에 훈련된 경우가 아니었기 때문에 소규모 대안 학교를 택했고 이 또한 바른 전략이 되어 아이에게 맞는 효과적인 성장 교육을 할 수 있었다. 자기만의 경험 스토리와 꿈의 방향이 만들어진 이후에는 마라톤의 최종 결승점을 효과적으로 통과하도록 내 아이의 강점을 부각하고 특별함을 가장 잘 발휘할 수 있는 상대적인 전략이 무엇인지 분별력을 가지고 모색해야 한다. 나는 아이의 학년이 올라가면서 경험과 재능들을 영역별로 기록해 두었는데, 이는 중심이 흔들릴 때마다 일관된 교육을 할 수 있는 가장 좋은 전략 자료가 되었다.

–
피지 아웃리치 기간 동안 늘 땀이 흠뻑 젖도록 노래하고 춤추던 아들의 모습.
그 천진난만함 덕분에 피지인들의 마음을 여는 윤활유의 역할을 톡톡히 해 냈다.

———— **4장** ————

엄마의 절대적인 믿음

내 아이의 잠재력을 끌어낸 평범한 엄마의
조금 특별한 5가지 조건

"버클리 맘(Berkeley Mom) 된 걸 축하해!" 아들의 합격 소식에 지인이 보내 준 메시지다. 하마터면 그냥 유급생이나 낙제생으로 머물게 한 엄마, 거기서 별로 나아질 것 없이 고등학교만 졸업시킨 엄마, 뚜렷한 방향성도 없이 중졸이나 고졸 학력에 머물게 한 엄마가 될 수도 있었지만 '버클리 맘'이란 말을 들으니, 그간의 마음고생과 노력을 보상받는 듯했다.

평범하게 혹은 평균보다 못하게 머물 수 있었던 아이를 엄마로서 이끌어 줄 수 있었던 것들은 무엇이었을까. 현재 우리가 처한 모습은 인생의 어려운 순간들을 지나며 아이를 위한 최선이 무엇인지 끊임없이 고민하고 기도하며 지나온 결과이며, 선택이 실패로 끝났을지라도 다시 나은 방향으로 갈 것을 믿고 인내하며 노력했던 과정의 합이다. 그 모든 과정을 이겨낼 수 있었던 것은 내 중심을 지켜주고 아이의 성장에 초점 맞추었던 삶의 가치들이 있었기 때문이었다.

18

공감과 지지 :
Mom always supports me

제일 중요하다고 생각하기에 가장 먼저 쓰기 시작했으나 사실 이 이야기를 시작하기까지 많은 생각이 들었다. 과연 내가 이 가치를 처음에 자신 있게 말할 수 있는가 하는 주저함 때문이었다. 아들에게 한결같은 공감과 지지를 보내주지 못했던 자기반성 때문이었다. 하지만 나의 부족했던 부분들이 이 책을 읽는 엄마들에게 더 큰 공감이 되길 바라며 글을 시작한다.

공감(empathy, 共感). 상대방의 관점에서 세계를 보고 타인이 느끼고 있는 감정을 파악하는 과정이라고 상담학 사전에 나와 있다. 마음을 나눌 곳 없어 찾아온 내담자에게 상담사가 가장 기본적으로 갖추어야 할 태도인 상담학 용어다. 특히 부모에게 필요하고 자녀에게도 꼭 가르쳐야 할 가치라고 생각한다. 가정과 사회에서 일어나는 각종 폭력, 악성 댓글, 갑질, 왕따, 아동학대 등도 상대방 입장이 되어 생각해 보거나 내가 똑같이 당할 수 있다는 걸 미루어 생각해 볼 수 있다면 고통받는 아이들이 훨씬 적어지지 않을까.

'아빠가 버린 아이'라는 친구의 말에 시무룩하게 들어오는 아이를 보며 어쩌면 처음으로 아들의 마음을 헤아려 봤는지 모르겠다. 얼마나 속상할까. 얼마나 당황스러웠을까. 얼마나 보고 싶을까. 얼마나 원망스러울까 등등. 어른인 나도 그런 말을 들으면 너무 마음이 아플 텐데, 아이였던 아들은 오죽했을까. 그때부터 그 아픔이 너무 절절하게 공감이 되어 새벽마다 울며 더 크고 깊게 기도하게 되었다. 아들의 베스트 프렌드가 갑자기 죽고, 얼마 안 가 절친 친구 세 명이 연달아 전학 가 충격으로 말을 잇지 못할 때도 아들이 겪은 아픔이 고스란히 전해졌었다. 나는 아무 말 없이 아들을 안고 한참을 같이 울었다.

나중에 또 만날 수 있다는 상투적인 말이나, 남자아이가 울음을 참을 줄 알아야지 등의 이성적인 반응이 아니라 아이가 느끼는 상실과 슬픔의 감정을 마음으로 함께 느껴주고 싶었다. 모든 감정은 옳거나 그른 것이 없어서 그것이 슬픔이나 분노 등 부정적이라 느껴질 때도 수용되면 흘러가고 풀어진다고 한다. 엄마한테 감정을 이해받고 많이도 울던 아이는 다행히도 친구들을 마음에서 조금씩 잘 떠나

보낼 수 있었던 것 같다.

그즈음 그 마음으로 아이 학습을 바라볼 수 있었던 건 참 다행이라고 생각한다. 친밀한 사람들이 하나둘 떠나가는 아픔이 있는데 공부까지 강요하고 싶지 않았다. 그 기본을 가지고 아이를 대하며, 주변에서 무리한 선행학습과 학원 뺑뺑이가 당연한 듯 아이들을 키워도, 아들에게는 그렇게 하고 싶지 않았다. 용량과 이해도를 넘어서는 과한 학습을 하며 겪을 마음의 부담감이 느껴졌고 아무리 학습이 중요한 시기이긴 하지만 아이의 행복까지 빼앗고 싶진 않았기 때문이다.

낙제와 유급 위기 상황도 단순히 노느라 공부를 안 한 것이 아니라 사랑하는 친구의 죽음, 절친 친구들의 전학, 엄마의 재혼 등으로 이어지는 일련의 혼란스럽고 슬픈 상황들이 마음에 고스란히 남아 공부까지도 방해했다고 생각하니 너무 마음이 아팠다. '마음을 망치면 공부도 망친다'라는 수년 전 방송된 다큐프라임 제목이 딱 들어맞는 상황이었다. 어쩌면 나보다 얼마나 힘들지 느낄 수 있었기 때문에 화를 내지 않고 "힘들지. 속상하지."라는 말로 아이의 마음을 읽고 다독일 수 있었다. 실패로 남을 수 있는 위기 상황에서 다시 마음을 모을 수 있었던 것은, 바른말을 하고 혼을 내는 훈계가 아니라 정말 어렵지만 그 마음을 이해해 주고 위로하는 공감과 지지였다.

그렇게 우리는 큰 위기를 지나갈 수 있었다.

미국에서 열악한 홈스테이와 동양인 혼자인 학교에서 외로움과 싸워나갈 때도 전화선 밖으로 들려오는 가라앉은 목소리에 반응하고 얼마나 힘드냐고 격려하며 공감해 주는 것이 다였다. 나 역시 지치고 바쁜 업무 중에 아들의 전화를 받는 게 쉽지 않았던 것이 사실이다. 하지만 아이의 마음에 공감할 수 있는 사람은 엄마뿐이라는 것을 알기에, 진심으로 위로하기 위해 많은 애를 썼던 기억이 난다. 누군가에게는 마음껏 얘기하고 감정을 드러낼 수 있는 한 사람이 필요했을 터라 그 대상이 되어 위로해 주고 싶었다. 힘들어도 포기하지 않고 끝까지 버티는 그 교훈을 실천하고 싶어서 서로 정말 애쓰고 인내했다. 쉽지 않았겠지만, 외국 학생들이 마약을 하자며 유혹해도 현명하게 거절하면서 외로움과 고독을 나쁜 방향으로 해소하지 않는 성숙함을 보여준 아들에게 다시 한 번 고맙다는 말을 전하고 싶다.

아이의 모든 상황에 늘 지지하는 사람으로 있어 주려 했던 것이 잠재력을 끌어내고 자존감과 회복 탄력성을 키웠다고 믿는다. 미국에서 돌아온 뒤 부모에 관한 어느 질문지에 아들이 'Mom always supports me'라고 적은 대답에 감동한 적이 있다. 부족한 엄마의 노력과 진심을 아는지 자신을 늘 지지하는 사람으로 마음에 담고 있다는 건 아이를 키우면서 느끼는 큰 보람이고 감사이다.

자녀를 키우는 과정은 주변 상황의 어려움뿐 아니라 아이 자체가 질풍노도의 시기를 겪고 자기 자리를 찾아가는 시간을 견뎌주는 것까지 포함한다. 그런 의미에서 그 가치는 그냥 주어지거나 저절로 된 것이 아니라 끊임없이 나를 돌아보고 노력해 겨우 지킬 수 있었던 특별한 가치다. 특히 아이가 자라며 자아가 강해질 때는 더욱 그랬다. 아들은 입시 부담이 커지면서 방황하고 조금씩 거칠게 변해가기 시작했다. 학원등록이 필요하다 해 비싼 돈을 주고 등록했는데 수시로 빼먹던 일, 고3 수험생이 연애한다고 유난 떨던 일, 아이의 마음 상태를 알 수 있을 것 같은 돼지우리 같은 방을 볼 때마다 느껴지던 어수선한 분위기, 학교에 안 가겠다고 해 성적이 뚝뚝 떨어진 일 등 모든 행동이 눈엣가시처럼 못마땅한 것투성이였던 때가 있었다.

　공감하고 지지하려던 노력은 대학 입시라는 벽 앞에 메말라 가고 있었다. 그 부족한 마음을 인정하고 기도할 수밖에 없었다. '제발 아이를 존재 자체로 사랑하게 해주세요'라는 간절한 기도 밖에는 나오지 않았다. 공부를 잘해서, 뭔가에 특출해서 아니면 마음에 쏙 들게 행동해서 사랑하는 것이 아니라 나에게 맡겨진 아이이고 귀한 존재이기 때문에 있는 그대로 사랑하게 해 달라는 기도를 입에 붙이고 살았다. 하루라도 그 기도를 하지 않는 날에는 어느새 내 욕심대로 아이를 닦달하고 있었다. 매일 마음을 다잡으며 아이의 입장을 이해

하려 노력하고 얼마나 힘들게 공부하는지 상황을 헤아리려고 노력
했다. 때로는 성적이 떨어지고 엇나가는 듯 보여도 성적이 아닌 존
재 자체로 귀하게 여겨주고 설령 공부는 좀 못하더라도 분명 잘하는
무언가가 있을 것을 믿고 인정하며 지지해 주려 했던 것은 그냥 저
절로 되는 것이 아닌 진행형의 노력이었다.

「거울부모」, 「부모의 공감은 아이의 뇌를 춤추게 한다」등 공감의
중요성에 대한 저서를 쓴 상담학계 권위자인 권수영 교수는 대학원
졸업한 지 십 년이나 된 제자인 나를 여전히 따뜻하게 대해주시는
은사이기도 하다. 대학원 수업 때 해주신 "엘리베이터를 타고 지하
층까지 내려가듯 상대방의 가슴높이에서 그 마음을 이해하고 고통
을 함께 느끼는 것이 진정한 공감이다"라는 말씀이 기억에 남는다.

항상 그리하리라 다짐했지만, 아들의 마음을 온전히 공감하는 것
은 그 누구보다 쉽지 않았다. 무엇이 옳은지 머리로 계산해 정답을
알려주는 게 아니라 상대방이 느끼는 감정을 나도 깊이 가슴으로 느
낀다는 것이 얼마나 어려운가. 특히 자녀와의 관계에 있어 부모라는
이유로 해결책을 제시하려 하고 희로애락의 수많은 감정을 별것 아
닌 것으로 대한 적이 얼마나 많았던가.

아이의 진짜 마음을 제대로 읽고 편견 없이 온전히 공감해 주는
노력만이 안정적인 애착을 형성하고 아이의 정서와 지능을 올바르

게 발달시킨다고 강조하신 교수님의 말씀과 달리, 내게는 그 공감과 지지가 절대적으로 부족했다. 부단한 연습과 노력으로 보여주어야 했다. 첫째로는 아이가 내 소유물이 아니라는 사실을 인지해야 했다. 내가 원하는 미래를 아이에게 강요하지 않겠다는 마음의 결심을 여러 번 재확인하려고 노력했다. 둘째로는 성적으로 끊임없이 편 가르기하고 다른 사람과의 비교 때문에 실패와 패배의 경험이 쌓여가는 무한경쟁 세상에서 엄마에게라도 존재 자체로 소중한 사람임을 느낄 수 있도록 신뢰하고 지지해 주려고 노력했다. 아이가 자랄수록 쉽지 않다. 하지만 그것만이 아이가 엄마를 지지대 삼아 높이 성장하도록 돕는 가장 중요한 밑거름이라는 것을 안다면, 공감과 지지를 위한 노력을 절대 멈출 수 없다.

19

자극과 지원 :
딱 한 발짝만 앞서 이끌어 주기

나는 필요한 정보를 이것저것 잘 찾는 편이다. 남편은 그런 나를 회사 직원으로 채용하고 싶다고 말하기도 한다. 주변으로부턴 "대체 이런 걸 어떻게 찾아요?"라는 식의 반응을 듣기도 한다. 특히 어디를 가나 아이들 나이에 맞는 가성비 있는 교육과 행사 정보 등을 잘 찾는데, 어린 딸들에게도 여러 경험을 하게 해주고 싶다 보니 체험 정보를 찾고 지적 자극을 주기 위해 찾아다니는 재미가 쏠쏠하다.

최근에는 딸들에게 하와이 로컬의 생활과 문화를 배우게 해 주고 싶어 지역 도서관에서 우쿨렐레를 빌려주었다. 걸스카우트 활동과 훌라 댄스도 배울 수 있게 도와주었다. 옆집 미국인 엄마에게 도서관 대출 카드 만드는 법부터 알려줬더니 "넌 외국인인데 이 좋은 정보들을 어떻게 알아내?"라고 해 함께 웃기도 했다. 하와이 주 법원으로 체험을 가기도 했는데, 법정 드라마를 재밌게 본 직후라 실제 법정에서 모의재판을 진행해 본 경험과 어떻게 법조인이 되었는지 들려주는 여자 판사분의 이야기는 어린 딸들의 관심을 집중하기에 충분했다. 자녀를 좋은 대학에 보내려면 엄마의 정보력, 아빠의 무관심, 할아버지의 경제력이 맞아떨어져야 한다는데 난 입시 학원이나 과외교사, 선행학습 같은 부분엔 정보력이 뛰어나지 않다. 다만 어린 딸들에게 가능한 많은 즐거운 경험과 말랑말랑한 뇌에 좋은 자극을 주고 싶어 부지런히 모든 감각을 열고 찾는 편이고, 교육에 도움이 된다 싶으면 선착순이든 거리가 멀든 간에 신청하고 찾아가는 부지런함을 발휘하는 편이다. 아들을 키울 때는 엄마들 모임을 즐기지 않은 데다 워킹맘이었기 때문에 필요한 학원 정보나 입시 트렌드 같은 것은 거의 직접 인터넷으로 찾아 알려주고 아들이 직접 취사선택하도록 했다.

아들이 어릴 때 특별히 어떻게 키워야겠다는 철학은 없었지만, 책 만큼은 좋아하는 아이로 키우고 싶어 좁은 집에 여기저기 벌려놓고 자주 그리고 매일 자기 전에 읽어주었다. 유아 그림책이 얇긴 하지만 잠이 안 들어 20권까지 읽는 바람에 목이 쉬었던 기억도 나고, 엄마 목소리를 자장가 삼아 잠든 아이를 바라보던 기억도 흐뭇하게 남아있다. 한번은 부모님 친구가 출판사에 근무해 아들한테 필요한 전

집을 사게 되었는데, 두 돌도 안 된 아이한테 글이 장마다 가득한 전래동화 전집을 권하는 게 아닌가. 친구분은 팔아야 하고 부모님은 사주어야 함에도 내가 한사코 필요한 단계가 아니라고 끝까지 거절해 부모님이 난처해하기도 하셨다. 여전히 친구분을 한 번씩 뵐 때마다 내게 소신 있다고 웃으며 이야기하곤 하시지만, 당시엔 대단한 소신이 있을 리 없었다. 다만 어떻게 키워야 하는지는 몰라도, 아이에게 무엇이 필요한지는 알고 있었다.

아웃리치를 다니던 몇 년의 시간은 아들을 어떻게 교육할지 생각할 여유가 전혀 없었다. 그냥 먹이고 입히고 아프지 않게 하루를 보내는 아주 일차원적인 육아가 중요했다. 그런데도 지나고 보니 아들한테는 남과 비교가 안 되는 특별한 시간을 보낸 셈이니 평범하지 않았기에 더 특별할 수 있었다는 사실이 새삼 감사하게 느껴진다. 그렇게 2년 반을 보낸 뒤 한국으로 돌아오니 아들이 영어로 말을 아주 잘한다는 사실을 알게 되었다. 계속 영어를 사용하는 환경에 노출되도록 귀국하자마자 바로 영어 학원에 등록한 것이 아이가 학교에 들어간 후 적절한 자극을 주기 위해 시작한 나의 첫 자극을 위한 노력이었다.

언어라는 것이 정말 신기해서 어릴수록 노출의 양만큼 빠른 속도로 말하게 되지만 노출 환경에서 멀어질수록 더 빠른 속도로 까먹어서 적절한 환경을 제공해 주는 것은 참으로 중요하다. 더 좋은 학원이나 흥미가 아직 계발되지 않은 Reading이나 Writing을 중점으로 공부시키는 학원을 찾느라 시간을 보내지 않았던 것을 참 다행으로 생각한다. 그냥 원어민 교사가 있어 일주일에 두 번씩 실컷 말하다 올 수 있는 거면 충분했고 꽤 오랫동안 Speaking 실력과 반비례하는 Reading과 Writing 실력을 갖췄지만, 영어의 유창함을 위한 자극에 집중한 지원은 시기적절했다고 생각한다.

이후 제주 국제학교로 전학을 결정한 일부터 커가며 재능과 흥미를 보였던 스포츠, 미술, 음악, 법, 수학, 경제 등 다양한 분야를 경험하고 공부하게 했던 많은 것들은 엄마로서 아이에게 적합한 정보를 찾고 시기적절하게 자극을 주려 노력했던 과정들이다. 독특한 재능과 흥미를 발견하기 위한 기회를 제공하는 과정으로써 말이다. 아들은 나와 기질도 아주 다르고 스스로 마음을 먹지 않으면 꿈쩍하지 않는 스타일인 데다 공부해야겠다는 마음도 늦게 들었기 때문에 그 템포를 맞추는 게 처음엔 너무 어렵고 답답했다. 그래도 그런 아이인 걸 어떡하겠는가. 아이 셋을 키우며 직장생활을 하다 보니 시간을 쪼개 빨리 동시에 일을 처리하는 나와 달리, 아들은 다섯 번은 말해야 한 번 하는 스타일이니 그 느린 성향을 인정하고 그 템포에 한 발짝만 앞서 돕고자 노력해야 했다.

대학 입시를 준비하던 고등학교 때는 좀 더 적극적이고 적절하게 돕기 위해 노력했는데, 너무나 할 게 많은 아들을 대신해 학교생활을 꼼꼼히 살피는 것과 선생님들과의 관계를 잘 유지하는 것도 굉장히 중요했다. 한 예로 고등학교 1학년 1학기가 끝나고 성적표를 살펴보던 중 Social Study(사회) 과목이 89.4로 A학점 커트라인에 0.1점 차이로 걸쳐 있었다. 대학 입학을 위해 고등학교 때의 학업 성취와 열정, 근면 성실함을 보여줄 수 있는 최우선 지표는 성적이다. 0.1점 차이로 A가 아닌 B가 되는 것만은 막아야 했다. 아들에게 해당 수업의 성적 산출 과정에 대한 이야기를 충분히 들은 뒤 과정에서 논리적으로 맞지 않고 불합리했던 점을 찾아내 담당 교사에게 정중히 여러 번 요청, 89.9로 수정하여 A학점으로 만들었던 기억도 있다. 누군가는 뭘 그리 유별나게 구냐고 말하기도 했지만 억지로 요구하는 것이 아닌, 분명 요청할 수 있는 것은 해야 하는 것이 맞다.

원하는 것을 요청하는 것만이 소통의 전부가 아니다. 정기적으로 각 과목 교사에게 이메일을 보내 학습 상태에 대한 의견을 묻고 감사를 표현했다. 늘 학생들을 책임감 있게 전인적인 학생으로 성장하도록 최선을 다하는 학교에 진심으로 존경을 표하고, 학교가 하는 결정들에 불평하지 않았다. 내 아이를 맡긴 학교이고 입시를 앞두고 있었기에 부부가 함께 학교 발전을 위해 도울 수 있는 일에는 적극적으로 앞장섰다. 알아서 잘 챙겨주겠거니 무심하다시피 했던 이전과는 달리 부모로서 최선을 다했기 때문에 입시 지원 과정에서도 전폭적인 학교의 도움을 받을 수 있었다.

그러나 엄마로서 최선을 다해 지원함에도 아이는 전혀 엉뚱한 방향으로 가고 아이를 진정 위하는 지원이 아닐 때도 있었다. 그때가 언제였는지 뒤돌아 생각해 보니 내 불안 심리가 아이를 자극하던 때였던 것 같다. 아들이 고등학생이 되고 대학 입시가 한층 피부로 체감될 때 할 건 너무 많고 다른 아이들은 이미 저학년 때 다 준비해 놓은 것들을 아직도 안 하는 것 같아 채근했던 적이 많다. 이것도 빨리하고 저것도 빨리하라고 재촉하며 어느 시기 동안 시험 관련 학원 정보만 잔뜩 쏟아냈던 적이 있다. 지금 생각하면 후회가 되는 행동이었다. 엄마로서 중심을 못 잡고 흔들린 시기였다. 남들처럼 치열하거나 미친 듯이 공부를 안 해봤던 아이인데 엄마의 강요가 먹힐 리 없었다. 억지로 끌고 간다고 덩치가 산만 한 아이가 끌려오겠는가. 내 마음은 저만치 앞서가 있고 아들은 빨리 뒤쫓아와야 할 것 같은데, 못 따라오니 딱 백사장에 젖은 타이어를 끌고 가는 것 이상도 이하의 느낌도 아니었다. 타이어는 물에 젖어 무거울 데로 무거워져 있는데 나는 그걸 끌고 가겠다고 온갖 힘을 쓰지만, 물에 젖은 타이어가 움직일 리 없었다. 어느 순간 정신이 번쩍 나면서 나부터가 너무 힘들어 더는 저만치 앞서 끌고 가지 못하겠다는 마음이 들어 두 손 놓고 마음을 비운 순간이 있다. 내게 맡겨진 아이기에 아이에 맞게 잘 키우겠다고 수없이 마음을 다잡고 천천히 가기로 마음을 먹었음에도 참 쉽지 않았고 내가 원하는 템포와 방향으로 아이를 이끌고 싶은 욕구가 참 강했던 적도 있었음을 고백한다.

몸도 마음도 다 성장했고 여러 경험으로부터 성숙해진 부모이기에 아이를 키울 수 있고 그럴 자격이 주어졌다고 생각한다. 그러나 미리 경험해 봤다고 부모의 템포와 기대치에 맞게 아이를 끌고 가려 할 때 부작용과 비극은 시작된다. 엄마는 아이가 이미 가지고 있는 재능과 유능함을 찾아가도록 돕는 서포터이지 스케줄을 관리하고 정해진 데로 데리고 다니는 관리자나 매니저가 아니지 않은가. 아들을 위한다는 명분이 내 욕심을 이루기 위함은 아닌지, 주변에서 다 그렇게 하니까 따라 하는 것은 아닌지 아니면 정말 내 아이의 성장에 도움이 되는지 마음을 들여다보고 중심을 잡기 위해 노력했다.

때론 그 중심 위에 아이의 성향과 수용 정도를 고려해 필요한 정보와 교육적인 자극을 주어야 함을 때로 망각하기도 했지만, 아이의 역량에 따라 자극의 속도와 범위를 달리하려고 노력했다. 예를 들어, 같은 초등학교 3학년 때를 비교하더라도 첫째 딸의 경우 스스로 영어책을 읽기 시작한 뒤로 도서관에 데리고 가 원하는 만큼 대출하도록 하니, 밤낮으로 소리 내어 읽고 있다. 아들의 경우 여전히 파닉스에 대한 개념이 없었기에 영어책을 읽도록 한 번도 강요한 적이 없으며, 도리어 한글책을 통해 책 읽는 재미를 강화하도록 자극했다.

다른 성향과 재능을 가진 아이에 맞게 필요한 교육적 자극을 주는 것은 참 흥미롭다. 그 시기적절한 자극을 흡수해 아이가 어떻게 자라갈지 너무 기대되기 때문이다. 모든 엄마에게는 저마다 다른 빛깔을 지닌 아이들에게 꼭 맞는 자극을 주는 지혜가 담겨있다. 그 지혜 속에 자라는 아이들은 때에 따라 적절한 열매를 내며 각자의 빛깔로 성장하게 된다.

20

관심과 공부 :
세상을 탐구하면 아이가 보인다

한 발짝 앞서 아이에게 필요한 자극과 지원을 하려면, 어떤 정보가 내 아이에게 적합한 것인지 분별할 줄 알아야 한다. 비단 학원이나 입시와 같은 단편적인 정보를 의미하는 게 아니다. 빠른 속도로 변하는 내 아이가 살아갈 세상에서 갖춰야 할 역량이 무엇이며 어떤 인재로 자라야 할지 폭넓은 이해가 필요하다. 보다 먼 시각과 큰 그림 안에서 아이를 바라볼 수 있어야 한다.

여전히 의사와 변호사가 최고의 직업이라 생각하는 부모들이 많고, 아이들은 장래 희망으로 공무원을 언급한다. 국 · 영 · 수를 잘해야만 훌륭한 어른이 될 수 있다고 생각하는 부모들도 역시 여전히 많다. 아이의 적성과 흥미를 활용하여 의사와 변호사 꿈을 견인하고 공공의 책임을 다하고자 공무원이 되고자 한다면 모르지만 세상의 변화만큼 빠르게 생겨나는 로봇, IoT, 바이오, AI 등과 관련한 새로운 직종과 직무도 안내할 수 있어야 한다.

빅데이터를 분석해 미래 트렌드를 예측하는 데이터 마이닝 전문가인 송길영 바이브컴퍼니(구 다음소프트) 부사장은 교육부가 개최한 학부모 콘서트(2017)에서 통계와 데이터에 기반, 부모들이 자녀를 의사, 약사, 회계사로 키우려고 학원 뺑뺑이를 돌리지만 유망한 직업일수록 아이들 세대에는 사라질 위험이 크다며 AI 시대를 살아갈 자녀의 개성과 창의성을 키워줘야 한다고 강조했다. 영국 옥스퍼드 대학의 마이클 A 오스본 교수팀도 '고용의 미래'라는 보고서(2013)를 통해 700여 개의 직업을 분석해 이 중 366개가 20년 안에 로봇에 의해 대체된다고 전망했다. 그로부터 10년이 지났고, 인간만이 할 수 있다고 생각했던 단순 반복적인 일들이 로봇과 같은 기계로 대체되는 현상은 코로나 팬더믹으로 더 가속화되었다.

작년 9월 뉴욕을 방문했을 때 일이다. New York Times 본사의 스타벅스에 가니 아마존 고 마켓과 협업하여 계산원이 없는 무인 매장이 운영되고 있었다. 출입 시 신용카드를 인식시키고 물건을 고르면 곳곳의 센서가 바코드를 읽어 자동으로 계산을 처리하는 방식이었다. 직원을 마주할 필요도 지갑을 꺼낼 필요도 없었다. 2010년대 스마트폰이 등장해 세계의 경제 판도를 바꿨는데, 이제는 챗GPT로 대변되는 AI 열풍이 새로운 시대를 열어가고 있다. 부모가 AI 시대와 글로벌 사회의 이런 흐름을 알지 못하고 부모 세대의 시각에 갇혀 판단하고 공부 잘하는 아이들은 모두 의대에 가야한다고 강요한다면, 세상의 흐름에 맞는 큰 꿈과 적절한 자극을 제공할 수 없을 것이다.

그렇다면, 어떻게 이를 자녀에게 전달해야 할까. 세상을 보는 눈과 세상이 흘러가는 미래의 방향을 똑똑하게 갖고 있으면서 내 아이가 관심 있고 적성에 맞는지를 잘 살피는 것이 중요하다. 다만 엄마가 생각하는 적성과 아이의 관심은 분명 차이가 있을 수 있다. 나는 아들이 미래기술 쪽 공부를 하면 좋겠다고 생각했었다. 관련 행사에 참관시키고 좋은 강의들로 관심을 유도하려 했으나 아들은 별로 관심이 없었다. 수학을 좋아하고 실력도 있었지만 과학기술 쪽엔 별 흥미를 느끼지 못했고 또래 학생들이 몰입해서 듣는 강의도 어려워했다. 그건 재능, 흥미, 적성이 과학기술 쪽에 없다는 의미였고 수학을 좋아하면 과학도 자연스레 좋아할 줄 알았던 내 착각이었다. 아들이 4차 산업혁명 시대에 부합하는 트렌디한 진로 적성에 맞지 않음이 솔직히 아쉬운 마음도 들었지만 그건 엄마의 바람일 뿐이었다.

그러고 보면 엄마는 참 대단한 존재다. 엄마로서 세상의 변화와 교육 흐름에 대해서도 잘 알아야 하지만 무엇보다 내 아이에 대해 가장 잘 알아야 한다. 여섯 자녀 모두를 미국 명문대에 보낸 어머니로 유명한 전혜성 박사가 강조한 자녀교육 원칙 중 가장 기억에 남는 건 '공부해라 가 아니라 공부하자'라는 지침이었다. 아이만 공부해야 하는 게 아니라 아이를 잘 키우기 위해 엄마로서 내 아이와 세상에 대해 많은 공부를 해야 한다. 엄마들 모임에 앉아 다른 집 아이 잘하는 이야기만 실컷 듣고 조바심으로 그 아이 학원 정보를 따르도록 할 게 아니라 가장 내 아이답게 자라려면 어떻해야 하는지를 끊임없이 관찰하고 여러 분야의 책과 기사를 읽으며 공부하는 게 먼저다.

읽게 되어 참 반가웠던 「늦깎이 천재들의 비밀」이란 책이 있다. 한 가지만 파고들어 협소한 전문가가 되는 것이 아닌 다양한 경험을 쌓으며 어떤 상황에도 대처할 능력을 갖춘 인재가 되는 것이 나음을 주장하는 책의 원제는 「RANGE」이다. 단순한 '범위'보다는 '폭넓은 경험과 관심의 범위'라는 의미다. 제목에서 유추할 수 있는 것처럼 모차르트나 타이거 우즈와 같은 조기교육과 조기 성취로 대표되는 소수의 뛰어난 인물을 제외하고는 전혀 상관이 없는 것 같은 분야들도 다양하게 탐구하고 경험하며 뒤늦게 그것들이 연결과 강화되는 것이 더 진정한 전문가가 되는 길이라는 주장이 그 무엇보다 반가웠다. 저자인 데이비드 엡스타인은 이렇게 다양한 경험을 익히며 자신에게 가장 적합한 재능을 발견하는 것에 대해 '샘플링 기간'이라고 표현했다. 저자의 주장과 비슷한 관점을 가진 나는 아들의 인생

여정에서 자신이 좋아하고 잘하는 것을 발견하도록 돕는 자로서 이 샘플링 기간이 재밌고 다양한 경험으로 채워지도록 노력했다. '깊게 파려면 넓게 파야 한다'는 말처럼 세상을 보면서 아이가 열린 사고와 글로벌한 흐름을 인식하며 정립해 가기를 노력했으니 말이다.

아이와 세상에 대해 고민하고 관찰하며 공부했던 시간은 소중하다. 엄마의 불안감을 자극하는 사교육 정보가 아닌 진짜 아이의 지성과 인성과 감성에 도움 될 만한 좋은 교육 정보가 있는지 어디를 가나 주의를 기울였다. 그리고 시간을 들여 여러 분야의 책과 교육 다큐멘터리를 감상하고 글로벌 교육 포럼이나 사이트 등을 찾아 배우고 공부하려 노력했다. 엄마로서 박스 안에 내 생각과 아이의 미래를 가두지 않으며, 시기적절한 자극에 아이의 마음이 향하도록 관심사를 묻고 대화하며 노력해 왔다.

다만 반드시 주의할 것이 있다. 빠르게 변화하는 세상만큼 다양해지는 수많은 정보와 가치관이 우리 눈과 귀를 자극한다. 그러나 겉으로 보이는 좋은 변화가 내 아이의 긴 인생에 좋거나 바른 것이 되지 않을 수 있음을 자각하고 분별할 수 있어야 한다. 「나니아 연대기」를 지은 위대한 작가이자 학자인 C.S.루이스는 '가치관이 결여된 교육은 그것이 아무리 유용하다 할지라도 사람이 아닌 영리한 악마를 만들어 낼 뿐이다'라고 했다. 교육이라는 명목으로 행해지는 거

대한 세상의 흐름이 정말 내 아이를 성장시키는 올바른 교육인지 판단할 수 있어야 한다. 다들 하고 있으니, 그것이 정답이고 맞는 길이라는 생각은 매우 위험하다. 그렇지 않을 수도 있다는 사실을 분별할 수 있어야 한다. 내 아이와 변화하는 세상을 정확히 보고 지혜롭게 분별하는 것이 너무 중요하다. 좋은 엄마가 된다는 건 그래서 더 어렵지만, 충분히 노력할 만한 가치가 있다. 나 자신과 아이, 모두를 위해서 말이다.

21

간절함과 결단 :
믿음 그리고 내어 맡김

개봉한 지 20년도 더 된 「이집트 왕자(The Prince of Egypt)」라는 애니
메이션이 있다. 노예로 태어나 파라오 왕의 아들로 자라난 모세 이
야기를 다룬 영화를 보다가, 몇 장면에서 그만 울컥하고 말았다. 모
세 엄마 요게벳이 맞닥뜨린 상황과 심정이 순간 느껴졌던 것 같다.
당시 이집트 왕은 히브리인의 반란과 예언자의 출현을 두려워하여
히브리 신생아를 모두 죽이라고 했고, 요게벳은 백일이 갓 지난 모
세를 갈대 상자에 몰래 넣어 눈물로 강물에 띄워 보냈다. 갈대 상자
는 악어 떼로부터 잡아먹힐 위험과 큰 고기잡이배 그물에 걸려들어
가는 위험 등을 피해 왕궁에 흘러 들어가는데, 드라마틱하게도 요
게벳은 파라오 공주의 요청으로 엄마가 아닌 유모로 모세를 키우게
된다.

악어 떼가 출몰하는 강물과 고기잡이 그물에 빨려 들어갈 뻔한 위험 등이 우리 인생과 아이들이 살아갈 거친 세상과도 닮아있다. 엄마 노릇은 처음이라 예상치 못한 난관 앞에 무기력해질 때도 있고, 아이를 좋은 길로 안내하고 싶은데 방향을 몰라 양 갈래 길에서 어느 쪽이 좋은지 모를 때도 많았다. 안개와도 같은 인생을 한 걸음씩 내디디며 많은 고민의 끝에서 아이를 강물에 띄워 보내는 순간을 여러 번 겪어온 것 같다. 아들과 무전 여행하듯 아웃리치를 떠날 때나 아직 인가되지 않은 작은 학교로 전학시킬 때 등 모든 선택의 순간에 고민했고 그래서 더 간절히 기도했다. 때로는 원하는 방향으로 일이 풀리지 않고 아이를 더 힘들게 하는 것 같은 순간들이 닥쳐오기도 했지만 아이의 성장을 위해 무엇이 최선인지를 고민하고 고심하며 기도로 선택해 왔기에 그 어떤 후회도 없다.

공부는 아이가 하지만 기적은 엄마가 만든다고 한다. 자녀가 어떤 사람으로 성장할지는 엄마의 간절함과 기도가 만드는 것이 아닐까 생각한다. 그러나 한편으로 간절함이 나의 잘못된 욕심과 만날 때 엄마로서 올바른 결단을 내려야 하는 순간도 찾아온다.

아들이 고3을 얼마 앞둔 때 일이다. 한참 회사 일로 바쁜 시즌에 입시를 보다 효과적으로 준비하고자 아들과 입시 컨설팅을 받았다.

성적과 희망 전공, 그간의 비교과 활동 등에 대해 면담을 했고 부족한 스펙을 보충하기 위해 희망 전공 관련 논문을 쓰는 것이 필요하다는 조언을 받았다. 여러 설명회로부터 가장 진정성과 전문성이 느껴져 결정한 곳이어서 경제 분야에 관심 있는 학생들을 팀으로 엮어 연구논문을 쓰게 될 거라기에 기대가 되었다. 고등학생이 어떻게 논문을 쓰나 싶으면서도 워낙 입시 경쟁이 치열하고 스펙이 과열되다 보니 논문을 써야 합격 가능성이 높아진다는 얘기를 주변에서 들은 터였다. 자연스레 팀이 꾸려져 함께 논문을 쓸 수 있음에 반가웠다. 그렇게 한두 달이 흘렀다. 얼마 후 다 되었다는 연락을 받고 파일을 열어보니 미국 명문대 외국인 학생과 국내 유명 외고생이 각각 1 저자와 2 저자로 등록된 경제학 관련 몇 십 페이지 소논문에 아들 이름이 3 저자로 적혀있는 것이 아닌가. 게다가 필리핀에서 열리는 청년 학술대회쯤 되는 국제행사에 우수 논문 자격으로 파이널 리스트에 올라 있다는 전혀 예상 밖의 놀라운 소식을 듣게 되었다.

사람이 얼마나 간사한지 이내 알겠다는 대답을 남기고 입시 포트폴리오에 쓰일 연구 논문과 국제학회 결선 진출이라는 굵직한 스펙을 아무 노력 없이 갖게 된 것에 순간적으로 안도의 한숨을 내쉬었다. '다들 이렇게 하는구나!', '이게 세상의 방식이구나', '이렇게 안 했으면 어쩔 뻔했어' 등 혼자 이 상황을 합리화하면서 말이다. 하지만 며칠 뒤부터 마음이 불편해지기 시작했다. 마음에서는 전쟁이 시작되었다. 한쪽은 '이렇게라도 안 하면 입시에서 경쟁력이 없으니 그냥 조용히 넘어가라'는 유혹이었다. 자식 일에 한없이 판단력이 흐려지고 연약해지는 본능적인 마음이었다. 그 마음이 그렇게도 나를 오랫동안 강하게 지배할 줄은 몰랐다. 그러나 또 다른 울림이 있었으니 그동안 나름 바르고 정직하기를 노력하며 살아온 인생의 가치와 모순되어 한없이 불편하고 부모로서 이대로 두면 안 된다는 양심과 이성의 소리였다. 아무에게도 말 못 하고 혼자 치러야 했던 두 마음의 전쟁은 너무 큰 스트레스로 다가와 여러 번 하혈하고 원형탈모를 가져올 정도였다. 매일 마음의 칼이 찌르는 듯해서 고통스러웠다.

두 달여를 고민하며 마음의 결정을 못 내리던 어느 날, 교회의 특별 새벽 부흥회를 알리는 포스터가 눈에 들어왔다. 포스터에 써 있는 '그러므로 그들을 본받지 말라(마 6:8)' 구절이 마음에 날아와 꽂히는 듯했다. 그 말씀이 며칠간 내 마음속에서 계속 메아리치며 두드리는 것 같았다. 이후 새벽 4시면 일어나 부흥회에 참석해 기도하고, 출근하기를 계속했다. 내려야 할 결정은 이미 정해져 있었겠으나 감당할 수 없는 상황에 며칠을 계속 울면서 두 마음이 씨름하는 시간을 지나야 했다.

1주일이 끝나갈 즈음 요동치는 갈등 속에서 마침내 마음을 정할 수 있었다. 아들이 쓰지 않은 논문과 국제 학회 관련 스펙을 입시 지원서에서 모두 제외하겠다고 말이다. 솔직히 이만큼 중요한 스펙을 빼면 경쟁력이 없는 것 같아 두려웠다. 지원한 모든 대학에 다 떨어질까 두려웠다. 하지만 설령 이 스펙이 부족해서 모두 떨어진다고 해도 아들의 미래와 인생이 가장 적합한 길로 펼쳐질 것을 신뢰해야 했다. 한 발짝만 디디면 바로 낭떠러지 밑으로 떨어질 것 같은 절벽에 선 느낌이었지만 과감하게 올바른 선택을 결단해야 했다.

비록 오랜 시간이 걸렸지만 한결 편안해진 마음으로 양심에 반하는 행동을 할 수 없음을 아들에게 설명하고, 컨설턴트에게 입학 원서에서 논문 관련 스펙을 빼줄 것을 요청했다. 아들은 잠깐 속상해하기는 했지만 잘 받아들여 주었다. 컨설턴트는 예상치 못한 반응에 당황하는 듯했으나 결정을 존중해 주었다. 몇 달간 불편했던 논문대필과 관련한 해프닝은 그렇게 끝이 났다. 거짓을 진실로 바로잡는 것이 얼마나 힘든 일인지, 많은 이들이 하는 행동을 왜 거슬러 바로잡아야 하는지, 자식의 일 앞에 이렇게 나약한 엄마였는지 내 자신과 세상에 대해 여러 생각이 들었는데, 자식의 장래와 관련된 일은 언제나 그것이 무엇이든 쉽지 않은 것 같다.

그냥 눈 딱 감고 모른 척 접수했다면 어떤 결과가 있었을지 상상해 본다. 어쩌면 운 좋게 더 높은 순위 대학에 합격하고 좋아했을지도 모르겠다. 그러나 내 아이의 실력으로 합격한 대학이 아니었을 테니 이내 당당하지 못했을 것이다. 나는 또 지금, 이 글을 감히 쓸 수 없을 것이다. 결국, 엄마의 삶으로서 가르친 것만 아들의 인생에 남는다는 것을 아는 엄마로서 말이다.

버클리 합격 소식을 들은 뒤 한동안 가슴 먹먹했다. 내 인생의 굵직한 순간들이 파노라마처럼 스쳐 지나갔다. 그리고 내 인생의 실패와 아픔, 눈물의 기도, 그것을 이끌어 주신 하나님의 사랑 속에서 모든 것들이 합력하여 선한 결과로 빚어졌음을 볼 수 있었다. 엄마로서 아이를 공부로 몰아세우지 않으려 마음을 지키며 20년을 함께했고 그 시간과 과정 하나하나가 독특함의 무기가 되어 스펙으로 중무장한 전 세계 학생들 사이에서 빛을 낼 수 있었다. 아이의 가능성에 집중하고 나아갈 때 아이만의 빛나는 보석과 가치를 세상이 알아봐 준다.

22

인내와 기다림 :
모든 시련을 함께 나누는 엄마

아이의 성장이 거듭되면서 엄마의 경험과 능력치를 벗어나는 일이 생기게 된다. 나 또한 힘에 부치고 버거울 때가 한 두 번이 아니었다. 퇴근 후 지친 몸으로 집에 돌아와 엘리베이터를 탔는데, 아들을 데리고 탄 젊은 엄마와 강아지를 안은 어르신이 이야기를 시작했다. 7살 아이가 너무 귀엽다는 어르신은 이내 이 시기가 지나면 속 많이 썩을 테니 마음의 준비를 하라는 덕담도 격려도 아닌 말을 아이 엄마에게 건네는 것이었다. 본인이 강아지를 키우는 이유도 아들을 키울 때 하도 속이 상해서 달래려는 이유라고 하면서, '아들을 키우는 건 마치 혈관이 썩는 거 같았다'는 말을 덧붙였다.

혈관이 썩는다. 최근 몇 년간 들은 표현 중 가장 독특하지만 리얼

했다. 사랑하는 아들을 키우는데 혈관이 썩는 것 같았다니. 그런데 이상하게도 그 어르신의 말에 잠깐이지만 속이 후련해지고 이해받는 마음이 들었다. 혈관이 썩는다는 표현은 생각도 못 했지만, 당시 아들을 키우는 게 너무 힘들어 많이 지쳐있었기 때문이다. 게임을 너무 좋아해 실랑이하는 거 말고는 크게 중2병이라는 것도 없이 지나간 아들이 사춘기가 늦게 오는 듯 고3 때부터 조금씩 이해하지 못할 행동을 보이기 시작했다.

해외 대학 입시를 위해서는 고등학교에 해당하는 9학년에서 12학년 1학기까지의 성적(GPA)을 원서에 기재해야 한다. 4년 내내 전부 A가 아닌 이상, 학년이 올라갈수록 향상되는 성적이 중요한 때였다. 그걸 누구보다 잘 알고 있는 아들이 마지막 1학기의 중간 성적을 받아왔는데, C 학점 일색이 아닌가. 제일 중요한 시기에 공부를 안 하기 시작했고 게다가 3살 어린 후배와 연애의 절정을 달리고 있었다. 게다가 새 아빠는 불편하고 엄마는 칭찬에 인색하며 동생들은 시끄러워 집에 있기 싫다며 밖에서 공부하고 친구 집에서 잔다는 날이 늘어가기 시작했다. 미리 만들어 놓은 공인 시험점수들이 없었기 때문에 필요한 시험도 보아야 하는데, 본인이 필요해 신청한 학원에선 오지 않았다는 연락을 받기 일쑤였다. 도대체 왜 그러는지 이해할 수가 없었다.

중요한 시기에 한가롭게 연애하는 상황도 이해가 안 되었지만 나름 쿨한 엄마가 되고 싶어 수험생이니 본인이 할 일은 책임지고 하면서 만나기로 약속까지 받았다. 엄마보다 더 좋아하는 여자친구가 하필 이때 생긴 것도 마음으로 받아들이며, 같이 만나자고 해 삼겹살도 사주며 서로 중요한 시기이니 건전하고 도움이 되는 사이로 잘 지내라고 덕담도 해 주었다. 그림 그리는 취미가 같고 공부 스트레스 풀기 위해 화실도 함께 다니고 싶다고 해 미술 학원 데이트까지 허락하던 시간을 지난 어느 날이었다.

한 번은 아들 방을 치우는데 구겨진 종이가 튀어나와 펼쳐보니 혼인신고서가 아닌가. 부모들의 정확한 이름과 생년월일까지 기재된 것을 보니 순간 눈앞이 캄캄해지고 이 서류가 접수되었으면 어떡하나 두려움이 몰려왔다. 찰나의 순간이지만 나도 딸을 키우는 입장에서 어린 여학생 부모에게 뭐라 사죄의 말을 해야 하나 별의별 생각이 다 들었다. 내 경험으로 예측할 수 없는 크고 작은 사건이 계속 벌어져 내 아이가 아닌 것 같은 거리감이 느껴지던 즈음이라서 차마 진실이 무엇인지 아들 눈을 쳐다보고 물어볼 자신도 없었다. 며칠을 고민하다 조심스레 물어보니 불행 중 다행으로 요즘 이성 친구가 생기면 장난으로 써 보는 게 유행이라는 말에 가슴을 쓸어내렸다.

아들을 키우는 건 늘 쉽지 않았다. 혼인신고서 해프닝이 지나가고 조용한가 싶더니 더 큰 폭탄이 터졌다. 아들이 어느 날 풀이 팍 죽은 얼굴로 집 밑으로 부르더니 학교를 휴학하고 싶다는 것이었다. 이제 한 학기 남은 학교를 휴학하겠다니 그것도 대학 입시 원서 쓸 시점을 두 달여 앞두고 휴학이라니. 또 한 번 가슴이 덜컹 내려앉았지만, 상담을 배운 엄마랍시고 마음에도 없는 이야기를 꺼냈다. "휴학하고 싶을 만큼 많이 힘들구나…." 그러나 솔직히 그때 마음은 아이가 정말 힘들 거라는 안타까움과 공감의 마음이 아니라 '또 이건 뭐지?' 하는 마음과 동시에 '또 왜 이러나' 하는 짜증과 화나는 마음이 더욱 컸다. 아들의 그 말이 그땐 그저 무책임하다고만 느껴졌다. 안 된다고 바로 말하고 싶었지만 "그래. 일단 지금은 엄마가 너무 놀라서 며칠만 생각해 보자. 너무 힘들다면 그것도 방법이 될 수 있겠지."라고 말하곤 대화를 마쳤다. 아들은 자신을 이해해 주는 엄마가 너무 고맙다고 했지만, 내 마음은 타들어 가고 있었다.

그러나 며칠 후부터 교장 선생님과 과목별 교사들의 아들 면담과 엄마 호출이 시작되었다. 회사에서 일하다 말고 몇 번씩 학교로 달려가 아들의 상황에 대해 대화 나누다 교장 선생님 앞에서 주체할 수 없는 울음이 터진 날도 있었다. 모든 어른이 타이르고 있음에도 불구하고 휴학을 넘어 학교를 관두겠다는 이야기까지로 진전되었다. 너무 우울하고 아무 의욕이 안 나서 계속 다닐 수 없다는 이유라고 했다. 대학 입시를 준비하는 가장 중요한 시기에 그렇게 시간은 흐르고 아들은 힘을 잃어가고 있었다. 우울감을 호소하니 학교에서는 전문가의 정식 진단이 있으면 휴학을 고려해 보겠다고 했다. 우선 가까운 상담센터에 아이를 보낸 후 부모 개별 상담을 가게 되었다. 상담사는 아들의 우울증이 심하다고 말했으며 나를 나무랐다. 인생에서 1~2년은 별 게 아닌데, 왜 힘들다는 호소를 무시하고 학교를 계속 다니게 하느냐는 반응과 이렇게 두면 어떤 상황이 벌어질지 모른다는 무서운 피드백을 건넸다.

집으로 돌아오는 길, 나는 마음이 무너졌다. 그냥 공부가 싫고 학교와 대학이 가기 싫다던 그간의 반응과는 차원이 다른 충격이었다. 남편한테 내색하지 않고 안방 파우더룸과 화장실 문을 닫고 들어가 샤워실 안에 쭈그리고 앉아 물을 틀어놓고 한참을 오열하며 울었다. 마음이 너무 무너졌고 숨이 안 쉬어지는 듯 기도도 나오지 않았다. 이제까지 아들을 잘못 키웠다는 자책과 마음의 병을 얻도록 내버려 둔 나 자신이 너무나 한심했다. 그렇게 30분쯤을 울었을까. 거실에서 TV를 보던 남편이 뛰어 들어와 위로해 주며 시간을 보내니, 마음이 조금 가라앉기 시작했다.

어서 마음을 추스르고 냉정해져야 했다. 이 상황을 정확히 판단하고 앞으로 아들이 어떤 결정을 내리도록 도와야 하는지 생각을 정리해야 했다. 내가 어떻게 견디며 이 시간까지 왔는지 돌아보기 시작했다. 싱글맘이 되어 아이를 데리고 여기저기 아웃리치를 다녔던 힘든 고생도 지나고 보니 나를 강하게 했다. 2년간 낙제해 멀쩡히 잘 다니던 학교에서 전학 가야 해 낙제한 성적표를 보이며 여기저기 상담을 다녔던 굴욕감도 아들이 새롭게 성장하는 계기로 변화되었다. 너무나 힘들었지만, 그동안 견디고 이겨내며 혼자서 또 재혼가정의 어려움 속에서도 잘 견디며 키워냈는데 여기서 무너질 수는 없었다.

우울증이 있다면 인정하고 치료하면 되고, 대학을 안 가고 싶다고 하면 다른 길을 찾으면 되었다. 다만 상담사 말대로 이 상태로 학교를 휴학하면 많은 관계가 단절된 채 무기력하게 보내게 되니 전혀 현명한 방법 같지 않았다. 정신과 전문의도 불안 장애가 있는 건 맞지만 일상생활을 중단할 정도는 아니라 하였고 모든 치료는 일상을 살아가며 하는 것이 중요하다는 조언도 듣게 되었다.

나 자신이 마치 아들 대학 입시를 위해 강요하고 협박해 온 마귀할멈 같았다. 그렇게 한 적이 없다고 생각했는데, 결국 내 욕심과 조바심 때문에 아들이 망가진 것만 같아 너무 괴로웠다. 아이를 잘못 키우고 그동안의 판단이 모두 잘못된 것 같은 자책감이 들기도 했다. 그러나 어떤 현실에서도 엄마가 할 수 있는 일은 분명히 있다고 했다. 원하는 삶을 지지한다고 휴학이나 자퇴를 허락하는 건 중도 포기하는 것과 힘들어서 회피하는 메시지밖에는 남을 게 없을 것 같았다. 남편은 아들이 미인가 학교에 다녀 중졸 학력으로 입대할 수 있는지 병무청에 문의하고는 대학은 안 가도 좋으나 중도 포기는 안 되니 일단 졸업 후 군대에 가든 다른 일을 찾든 남자답게 인생을 책임지라고 단호하게 이야기했다.

우리 부부는 마음을 비우고 낮아져야 했다. 솔직히, 아들이 중졸 학력이 될 수 있음에 불안과 두려움을 느끼기도 했다. 다만 그 두려움은 뒤로 하고 우선은 끝까지 완주하는 중요한 가치를 가르치고 싶었다. 휴학이나 자퇴가 해결책이 되지 않음을 알려주고 싶었다. 여기서 이렇게 학교도 입시 준비도 중도 포기하는 건 절대로 바람직하지 않다는 결론에 이르렀다. 김미경 강사의 「엄마의 자존감 공부」에서 읽은 말이 있다. 엄마는 아이가 지하로 떨어졌을 때 불행한 사건을 겪을 때 온몸으로 받쳐주는 첫 번째 은인이 돼야 한다고. 아들의 큰 흔들림에 엄마로서 많이 지쳐있었지만, 인생의 첫 큰 관문을 지나가는 아들이 완주할 수 있도록 도와주어야 했다.

당시엔 그 몇 달간의 흔들림의 시간이 무의미하게 느껴진 적도 있었으나 그 시간 덕분에 아들은 다시 나아갈 힘을 얻었고 중심 잡는 법을 배울 수 있었다. 아마 그때 엄마로서 흔들림을 버텨주지 못하고 그만두도록 했다면 지금 전혀 다른 결과 앞에 지나간 시간을 후회하고 있지 않을까. 어릴 때부터 겪은 피할 수 없는 인생의 수많은 파도 앞에 엄마로서 그걸 피하게 해 주고 대신 해결해 주고 싶은 마음이 때때로 많이 들었으나 잘 이겨내고 여기까지 걸어왔다.

아이를 키우다 보면 원치 않는 많은 일을 겪는다. 생각과 행동의 미성숙함으로 인해 생기는 사춘기의 수많은 사건·사고뿐 아니라 의도하지 않은 실패와 어려움도 예기치 않게 종종 찾아온다. 그러나 오롯이 어른이 되어가는 성장통임을 받아들이고 엄마로서 그 시간을 함께 견뎌주기 위해 노력했다. 아이의 요동치는 마음을 이해하려 애썼고 엄마로서의 일상을 열심히 살아가며 갈등의 시간이 무사히 지나 성장하는 기회가 되기를 간절히 기도하며 대화하기 위해 노력했다.

엄마는 아이가 겪는 수많은 넘어짐과 일어섬을 지켜보며 파도를 견디고 중심을 잡을 수 있도록 기다리고 지켜봐 주어야 한다. 엄마의 인내와 기다림은 절대 헛되지 않고, 그것을 믿고 자라며 아이들은 지어진 목적대로 저마다의 보석이 되어간다. 그 시간을 견디며 단단하게 자라 원하는 결과를 얻은 아들이 앞으로 또 있을 삶의 파도에도 그렇게 잘 견디기를 바라며 언제나 무한한 신뢰를 보내주는 엄마가 되어줄 것을 다짐해 본다.

─── 5장 ───

엄마부터 어른이
되어야 한다

아이는 나를 이끌어 준 가장 좋은 스승이었다

며칠 전 롱보드를 서툴게 타고 있는 9살 딸의 모습을 보고 있자니 같은 곳에서 같은 모습으로 있던 아들의 어릴 적이 떠올랐다. 그 시절 내가 힘들다는 이유로 충분한 사랑과 관심을 주지 못했음에도 잘 자라준 아들이 고맙고 미안해 눈물이 핑 돌았다. 동생의 모습에서 어릴 적 네 모습이 생각난다며 잘 자라줘 고맙다는 메시지를 보냈더니 "다 엄마 덕분이죠"라는 답장을 보내왔다. 어느덧 어른이 되어 엄마를 위로하는 걸 보니 내가 아이 덕분에 어른이 되고 성숙해 갈 수 있었음을 깨닫게 된다.

23

좋은 엄마 선행학습

부모가 되어봐야 그 마음을 안다고 한다. 스물셋 나이에 전 재산이 700원이었던 아버지와 결혼해 서른도 안 된 나이에 삼 남매를 키워야 했던 엄마를, 세 아이를 직접 키워보니 더 크게 존경하게 된다. 엄마도 교사로서의 꿈이 있었지만, 그 시대 어머니들이 대부분 그러하듯 자신의 꿈은 접은 채 육아에만 열중했다고 하셨다. 나는 걷게 하고, 여동생은 유모차에 태우고, 남동생은 업은 채 버스를 타고 교회에 다니셨다는 이야기는 그게 얼마나 힘든 건지 연년생 딸을 키워보니 더 실감이 났다.

요즘처럼 육아와 교육에 대한 정보나 인프라가 갖추어져 있지 않던 시절, 지금과는 차원이 다른 독박 육아로 우리를 양육한 엄마의 희생과 지나온 삶을 생각할 때면 가끔 눈물이 났다. 그런 엄마의 헌신과 기도가 나를 이 자리까지 오게 했음을 부인할 수 없다. 어쩌다 나는 일찍 엄마가 되어 이 고생을 하나 싶다가도 우리 엄마처럼 아이들을 반듯하게 잘 키우겠다고 의지를 불태우지만 어떡해야 하는지 몰라 참 좌충우돌하며 고군분투했던 것 같다.

세상의 많은 일에는 사전 준비가 필요하다. 혼자 또는 팀으로 공부하며 몇 단계 테스트를 거친 뒤 자격을 갖추어 실무에 투입된다. 맡은 일을 잘하기 위해 계속 공부하거나 자격 유지 교육을 받거나 경력을 채워 전문가가 된다. 회사 일에서나 개인이 어떤 분야의 전문가가 되기 위해서는 이렇게 철저한 준비와 자격을 유지하기 위한 노력을 하는데, 좋은 부모가 되는 일엔 엄마들은 얼마나 준비가 되어있었을까. 아이를 건강하게 낳기 위한 준비는 철저히 하지만 마음이 건강하고 행복하게 자라도록 하기 위한 노력과 준비를 하는 엄마들이 얼마나 많은지는 잘 모르겠다. '좋은 엄마'를 만나는 것이 사람이 추구하는 행복의 최고 조건이라는 우스갯말이 있다는데, 아이 입장에서 보면 어떤 엄마를 만나느냐가 평생의 삶을 달라지게 할 수 있다는 말이니 무게감이 절로 느껴진다. 모든 일에는 나 말고도 대체할 수 있는 사람이 얼마든지 있지만 자녀를 온전한 성인으로 잘 키워 내는 중요한 일에는 '엄마' 외에 대체할 사람이 없다.

자녀가 어릴 땐 육아가 힘들어도 아이의 귀여운 재롱에 사랑의 반응이 절로 뿜어져 나온다. 그러나 아이가 커 가며 바른 가치관과 인성을 갖도록 필요한 교육을 하고 아이의 진로를 함께 찾아가는 과정은 절대 그냥 해서는 안 될 노릇이다. 더구나 내 뜻대로 안 되는 질풍노도 시기의 자녀를 마음으로 품고 공감할 수 있는 건 아무나 그냥 할 수 있는 일은 아니다.

우린 그동안 수없이 보아왔다. 부모로서 아무런 자격도 준비도 안 된 사람과 양육의 무게와 책임을 전혀 모르던 엄마가 소중한 생명을 죽음으로 내모는 것을. 많은 아이가 부모의 감정적, 신체적 희생양이 되어 무방비로 아동학대에 노출되는 것을. 그리고 과도한 학업과 경쟁에 내몰리던 아이들이 어디에도 마음 터놓을 곳이 없이 우울해하다 죽음으로까지 내몰리는 것을. 이 가슴 아픈 현실 앞에 우리 모두 자녀를 사랑한다고 말하지만 어떻게 사랑하는 것이 자신과 자녀의 삶을 건강하게 분리해 행복하게 자라도록 하는 것인지 방법을 잘 모르는 것 같다. 어쩌다 엄마가 된 우리는 아이 양육이 당연히 부담스럽다. 남들이 다들 그렇게 하니 그냥 주위 엄마들이 하는 대로 따라 하기 바쁘다.

나 또한 예외는 아니었다. 아무런 준비 없이 엄마가 되었던 터라 경제적으로 독립도 안 되었고 그냥 아이를 시간 맞춰 먹이고 재우는 것 외에는 할 줄 아는 게 없었다. 내 자아는 또 얼마나 강했는지 모른다. 하고 싶은 일과 공부하고 싶은 건 많은데 내 맘대로 할 수 있는 게 제한되다 보니 너무 속상했다. 때론 아이가 짐처럼 버겁게 느껴지기도 했다. 이런 무력함과 감정의 소용돌이를 겪는 동안 나의 심리상태는 아이에게 고스란히 전달되었다. 이후 수많은 일을 거치며 다듬어져 조금은 나아졌다 하더라고 '괜찮은 엄마'가 되기까지 아이는 엄마와 함께 시행착오의 희생양이 돼야 했다.

사실 누구보다 선행학습을 열심히 받아야 하는 대상이 있다면 그건 '엄마'라고 생각한다. 받을 수만 있다면 '좋은 엄마'에 대해 선행학습을 많이 받아 자녀의 나이별 신체적, 정신적, 인지적 특징을 잘 알아서 현명하게 대처할 수 있으면 좋겠다. 미리 뇌 발달도 공부해 몸과 마음이 자연스럽게 성장하듯 뇌와 학습 능력도 자연스럽게 자랄 수 있도록 보호해 준다면 좋겠다. 시대와 나라를 초월해 엄마와의 애착과 관계가 아이의 행복한 성장에 얼마나 지대한 영향을 미치는지 미리 알아서 아이가 어릴수록 학습보다는 정서에 훨씬 많은 노력을 기울인다면 정말 좋겠다.

한 아이를 잘못 키워낸 결과는 그 피해가 개인과 가정뿐 아니라 고스란히 사회와 국가에도 영향을 미친다는 건 매일 뉴스만 봐도 알 수 있다. '감정코칭'을 우리나라에 도입한 세계적인 부모교육 전문가인 최성애 박사는 아동기의 부정적 경험이 고질적인 비만, 고혈압, 천식 등 여러 질환과 상관관계가 크고 공황장애, 학교 중퇴, 중독, 범죄 등과의 관련이 크다고 강조했다. 부모가 되기 전 '감정코칭'

을 필수로 이수하는 정책을 추진 중이라는 소식이 더 반갑게 들리는 까닭이다.

부끄러운 고백이지만 엄마이기 전에 한 사람의 성인으로 온전히 건강하지 않은 나였기에 첫 결혼생활도 미숙함의 연속인 데다 결국 실패로 끝나게 되어 아이에게 커다란 상처를 주었다. 엄마이기 전에 여전히 하고 싶고 되고 싶은 게 많은 나였기에 그 꿈에 아이가 걸림돌이 된다고 느껴 이리저리 방황하다 아이를 외롭게 하고 신체적, 정서적으로 내버려 둔 시간도 있었다. 어쩌다 엄마가 된 나는 아이에 대해서도 잘 알지 못했고 힘든 자녀 양육 과정에서 나를 어떻게 다스려야 하는지도 잘 몰랐다. 그러나 분명한 건 그렇게 서툴렀지만 고군분투하고 노력하며 마음을 다해 키워왔으니 이만하면 괜찮다고 스스로를 인정해 주고 싶다. 부족하지만 이러한 그간의 성장 과정과 경험을 나눌 수 있음에 감사하고 서툴지만 애쓰고 노력하며 아이를 키우고 있는 모든 후배 엄마들 또한 스스로를 돌아보고 격려하면서 쉽지 않은 부모됨의 여정을 함께 잘해 나가기를 응원하고 싶다. 처음은 누구에게나 힘들지만 말이다.

24

괜찮아요 울어도 돼요

내가 어릴 때, 친구 엄마들을 보면 모두 성숙해 보이는 어른들이었는데, 막상 엄마가 되고 보니 실제 나이와 성숙도는 비례하지 않는다는 걸 알게 되었다. 당연한 줄 알았던 마음의 성숙함이나 자녀를 위한 희생도 엄마가 된다고 자연스레 얻어지는 게 아님을 깨닫게 된다. 어릴 때는 자녀와 가족을 전적으로 돌보는 현모양처만이 엄마의 삶이라고 생각했는데, 엄마가 되고 보니 자녀와 남편의 행복이 나의 모든 행복은 아니며 내 꿈은 여전히 나를 기다리며 빛나고 있음을 느끼게 된다.

워킹맘으로 십 년 이상을 그리고 다둥이 워킹맘으로 수년을 살았다. 모든 시간이 치열함의 연속이었다. 아이를 낳았다는 이유로 회사에서 죄인이 된 듯한 느낌을 받을 때면, 혼자였다면 자유롭게

원 없이 일하며 승승장구했을 거라는 안 좋은 생각도 들었다. 워킹맘의 근무 환경이 좋은 편임에도 불구하고, 늘 회사와 가정을 아슬아슬 외줄 타기 하듯 어느 하나 펑크가 나면 모든 게 어그러지는 도미노처럼 긴장의 연속인 삶을 살아왔다. 친정엄마가 일이 생겨 연년생 딸을 어린이집에 등원시키고 닫히는 만원 지하철 문을 향해 몸을 구겨 넣고 출근하는 날이면, 일을 시작하기도 전에 이미 지쳐 있을 때가 많았다. 마치 선녀와 나무꾼 이야기 속 아이가 셋이나 있어 하늘로 못 올라가듯이 아이 때문에 어디 한 곳 마음대로 가지도 못하고 더 높은 꿈을 꿀 수 없는 것 같기도 했다.

체력을 길러야 버틸 수 있다며 점심시간을 쪼개 운동하고는 책상에 앉아 김밥을 먹을 때면 왜 이렇게 전투적으로 살고 있나 눈물이 핑 돈 적도 많았다. 부모님이 딸들의 어린이집 등 · 하원과 가사를 많이 도와주시고 남편은 가사와 육아를 자발적으로 함께하는 가정적인 사람임에도 불구하고 일하는 엄마의 마음의 짐은 점점 더 무거워졌다. 하물며 독박 육아로 고생하고 아이 맡길 데가 없어 발을 동동 구르거나 뭐 대단한 일을 한다고 아이를 학원 뺑뺑이 돌리냐는 소리에 퇴사를 고민하는 워킹맘들의 고단함은 누가 위로해 줄 수 있을까.

그럼, 전업맘은 덜 힘들까. '전업주부는 집에서 논다'라는 표현만큼 한 사람의 가치를 깎아내리는 못 된 말도 없는 것 같다. 한때 전

엄맘이 워킹맘보다 훨씬 편할 것 같다는 생각을 감히 해본 적이 있다. 그런데, 휴직 동안 전업맘이 되고 보니 워킹맘일 때는 있던 점심시간이나 혼자만의 시간이 없이 그야말로 껍딱지 같은 아이들에게 붙들려 무한 반복의 밥을 해대고 네버엔딩의 단조로운 삶을 살아가는 정신적, 육체적 고충은 워킹맘 때와는 질감 자체가 달랐다. 별로 소질도 없는 집안일을 하다 보니 점점 우울해져갔다. 아이들한테 종일 시달리다 밤 9시에 앉아서 졸고 있거나 목이 아예 쉬어버리는 심신이 지친 사람이 되어갔다. 점점 머리를 쓸 줄 모르게 되는 것 같고 내 존재 가치가 의미 없게 느껴지기도 해 혼자 울고 남편 앞에서 울기도 많이 울었다. 아이들이 어릴 적 엄마가 충분히 함께 있어 주는 그 자체가 얼마나 중요하고 가치 있는지 잘 알고 있음에도 말이다.

엄마들의 삶은 쉽지 않다. 엄마로서, 일하는 여성으로서, 부족하다고 느끼는 건 비단 나만 그런 건 아닐 것이다. 사정과 정도의 차이는 있지만, 엄마로서 갖는 마음의 버거움은 우리 모두 비슷하지 않을까. 그래서 엄마이고 어른이라서 괜찮거나 잘하는 척하지 않고 울어도 괜찮다. 우리에겐 혼자서 소리 내 우는 곳도 필요하고 비슷한 상황의 사람들끼리 함께 울 공동체와 안전한 공간도 꼭 필요하다. 아들이 고3 때 휴학과 자퇴 선언을 하고 우울증 진단을 받아 마음이 무너졌을 때 샤워실에 쭈그리고 앉아 맘껏 울 수 있던 시간은, 나 자신이 그간 얼마나 마음고생을 했는지 나를 알아차리는 시간이자 현실을 직면하고 문제를 어떻게 대처해 나가야 할지 마음을 다잡는 시작이 되었다. 그때 울지 않고 그냥 버티고 넘어갔다면 상처받은 감정이 넘치고 흐르다 언젠가는 폭발해 나와 가족들을 더 힘들게 했을 것이다.

그 시간을 지날 수 있었던 또 하나의 힘은 언제나 지지를 보내준 인생의 선배들이 있었기 때문이다. 그중 친한 언니는 외고에서 서울대를 목표로 입시 준비를 하던 아들이 어느 날 갑자기 좋아하는 미술로 유학가겠다고 해 의견 차이를 보이다 결국 수능 당일 시험을 중도 포기하고 고사장을 나와버렸다고 했다. 아들로선 원하는 것에 대한 강한 의지를 표현한 것이겠지만 부모로선 정말 상상하고 싶지 않은 일 아닌가. 언니는 큰 충격 속에 아이의 선택을 받아들이기로 마음을 다잡았던 경험을 담담히 전하며, 자신도 눈물의 시간을 지나왔다며 많은 위로를 해 주었다. 아이들이 보이지 않는 미래를 찾아가는 과정에서 너무 불안해 지금 흔들리는 것뿐이지 결코 실패하는 인생이 아니며, 불안하고 흔들리는 그 시간을 엄마니까 버텨주어야 한다고 상담사의 진심 어린 조언도 건네주었다. 비슷한 경험을 먼저 한 인생 선배로부터 얻는 공감과 격려는 그 어떤 조언보다 힘이 있었고 아이를 잘못 키웠거나 내 아이만 이상해서 그런 것이 아니라는 위로가 되어 다시 힘을 낼 기반이 되어 주었다.

우리가 인생의 큰 어려움과 갈등 상황에 놓일 때 '나만 힘든 게 아니었구나. 누구라도 이 시기에 감정의 소용돌이를 지나는 것이 이상한 게 아니구나'라는 동질감만 느낄 수 있어도 상황과 감정에 압도당하지 않고 자존감이 무너지지 않는다. 내가 힘든 이 시간을 함께하며 누구라도 그럴 수 있다고 위로해 주는 개인이나 공동체의 지지 모임이 버팀목이 되어준다면 그 시간을 포기하지 않고 지나갈 수 있는 것 같다. 더 나아가 지금 우리가 고민하는 입시 준비로 대표되는 자녀교육 문제와 갈등이 개인의 고민 외에 사회구조적 관점으로 함께 바라볼 수 있다면 불안의 실체를 보다 정확히 이해할 수 있을거라 생각한다.

많은 엄마가 자녀 때문에 숨죽여 운다. 그러나 눈물의 의미는 엄마로서 잘못 삶을 살고 있다는 것도 자녀들이 잘못되고 있다는 신호도 아닐 것이다. 그 눈물의 시간이 나를 돌아보고 마음을 정화하여 자녀를 다시 사랑할 힘을 준다. 또 우리는 충분히 괜찮은 엄마라고 자신을 다독여야 한다. 그렇게 엄마로서의 힘을 다시 얻을 마음껏 울 시간과 공간 그리고 함께 웃고 울어줄 공동체는 참된 부모가 되는 여정에서 꼭 필요하다. 그리고 아이가 비록 지금은 내 기준에 모자라 보일지라도 엄마의 사랑과 눈물이 쌓여가다 보면, 때가 될 때 가치 있고 유능한 삶을 살아가게 될 것을 믿었으면 좋겠다. 그 믿음

위에서 엄마 스스로가 마음이 단단하고 행복해지는 것. 그것이 가장 중요하고 먼저 해야 할 일이다.

25

용서를 구하는 부모

자녀를 양육하는 과정에서 전문가의 맞춤 진단과 치료적 도움이 필요한 가족을 대상으로, 묵혀둔 갈등을 해결해 가는 육아 예능 프로그램이 주 시청자인 부모뿐 아니라 20·30세대에게도 의외의 힐링 프로그램이 되어 인기가 있다고 한다. 미숙한 어린이들이 겪고 있는 상황을 '문제'가 아닌 '어려움'으로 바라보고 보듬는 해결책이 아이를 낳거나 키워보지 않은 젊은 세대도 자신의 상처 입은 어린 시절을 떠올리게 해 위로받기 때문이라는 기사를 읽었다.

상처 입은 어린아이. 우리 엄마들에게 그 어린아이가 여전히 존재한다. 자녀를 말하는 것이 아니다. 엄마 자신 안에 자라지 못한 아이가 존재한다는 의미다. 모두 어른이 되어가며 몸과 마음이 성장했지만 여전히 어릴 때 상처가 치유되지 않아 내면에서 미성숙한 상태로 머물러 있는 아이의 모습이 존재한다. 방송에서도 아이가 어려움을 겪는 원인을 거슬러 가보면, 엄마의 어릴 적 사랑받지 못했거나 외로웠던 상처에 대한 기억이 그림자처럼 남아 현재 자녀 양육까지 연결되는 경우도 대부분이다. 내가 경험한 상담 현장에서도 주변인들과 관계 어려움이 있거나 사람들에게 사랑받지 못한다고 느끼는 사람들을 만나다 보면, 결국 어린 아이때의 상처가 고스란히 남아있는 경우가 대부분이다. 나이와 나라를 초월하여 관계의 어려움, 낮은 자존감, 부정적이고 공격적인 성격 등의 원인을 따라가 보면 대부분 어릴 적 중요한 타인, 그중에서도 대개 부모로부터 거절당하거나 사랑받지 못했던 기억을 떠올린다. 학대나 버려지는 등의 큰 트라우마는 말할 것도 없다. 그 시절의 기억으로 돌아가 상처 입은 아이의 감정을 충분히 풀어내고 부모를 용서하고 성장으로 나아가는 오랜 과정을 볼 때면 부모가 어릴 적 자녀가 느낄 수 있는 안정적인 애착과 사랑을 주는 것이 그 어떤 교육보다도 얼마나 중요한 것이지 늘 느끼곤 한다.

　나는 3남매의 첫째로 어릴 때부터 부모님의 많은 사랑을 받고 자랐다. 워낙 여자가 귀했던 집안에서 태어난 터라 딸바보라는 호칭이 가장 잘 어울렸을 아버지는 장녀인 나를 이뻐하시고 엄마 또한 애정을 듬뿍 쏟아 주셨다. 그래서인지 어렸을 때 부모님으로부터 사랑받는 존재로 자라왔고 상처받았던 기억은 거의 없다. 다만 어려서부터 내성적인 기질과 함께 늘 책임감 있고 부모님에게 기쁨이 되어야 한다는 '착한 장녀 콤플렉스'가 있었다. 그래서 학창 시절 모든 사람에게 착하고 싫어도 '노(No)'를 잘하지 못하며 자기 생각을 잘 표현 못하는 존재감이 별로 없던 모습이 많이 기억난다.

그런 모습을 유지한 어른으로서 결혼했고 힘들게 이혼한 뒤 어느 날 궁금해졌다. 도대체 왜 그런 이상한 결혼생활을 했는지 스스로 이해가 가지 않았다. 부모님께도 사랑을 충분히 받고 자랐는데 왜 아내로서 존중받지 못했는지 너무 바보처럼 느껴지고 화가 났다. 상담을 공부하며 나를 돌아보니 스스로 착하다는 프레임에 갇혀 싫은 것과 원하지 않는 것도 표현 못 하며, 부당한 대우에도 그냥 참고 살며 경계(boundary)가 없는 감정이 짓눌린 미성숙한 삶을 살아왔음이 깨달아졌다. 지금의 남편을 만났고 결혼까지 이런저런 이유로 오랜 시간이 걸렸는데, 내 어릴 적 상처와 이전 결혼생활의 남겨진 감정의 잔재들을 처리하는 충분한 시간이 주어졌음에 정말 다행이었다고 생각한다. 만약 깨어진 결혼 관계로부터의 상처와 외로움을 또 다른 관계로 섣불리 채우려 했다면 새로운 결혼생활은 지금의 나, 지금의 남편, 깨어진 결혼생활의 나 등 여러 명이 함께 보이지 않게 생활하면서 과거의 상처 입은 내가 또 하나의 건강하지 못한 관계를 이어가고 있었을 것이다.

건강한 결혼생활의 중요성을 논하고자 함은 아니지만, 그만큼 건강한 부부관계가 건강한 자녀를 만드는 데 정말 중요한 요인임은 분명하다. 그 전에 엄마인 내게 원가족으로부터 받은 상처가 미성숙하거나 결핍의 모습으로 남아있는 부분이 어떤 것이 있는지를 바로 알아 보듬고 온전히 한 명의 어른으로 건강할 수 있어야 자녀를 잘 길러낼 수 있다. 그래야 또 다른 상처 입은 어린아이로 내 아이가 자라지 않도록 건강한 애착을 심어줄 수 있으며, 엄마가 갖지 못했던 미래 모습을 대리만족시키거나 내 결핍을 충족시켜 주는 대상이 아닌 온전한 인격체로 성장시킬 수 있다.

　뉴욕타임스 베스트 셀러이자 21세기 신개념 양육의 바이블이라 평가받는 「깨어있는 부모」에서 저자인 셰팔리 차바리 박사는 아이를 키운다는 건 나의 오래된 유산과 낡은 패턴을 벗어던지고 새로운 존재 방식을 받아들이는 여정이라고 했다. '내 안의 상처를 대물림하고 싶지 않은 당신에게'라는 부제가 의미하듯, 아이의 문제나 부적절한 행동이 사실은 부모가 자신의 내면을 알아차리고 더 깨어있기를 바라는 것임을 인정하는 것에서 올바른 자녀 양육은 시작된다.

　자녀들이 겪고 있는 말로 호소하는 어려움을 문제라고 보기보다 그 마음 안 소리를 듣고 감정을 알아차리려 애쓰는 '공감'은 정말 중요하다. 그런데, 그 공감은 엄마 스스로의 마음 상태를 잘 알고 감정을 적절하게 표현하는 엄마 자신에 대한 공감이 더 우선되어야 한다. 내 자녀보다 훨씬 나이가 많은 어른이 되었다는 것은 감정을 조절하는 능력이나 상황 판단력과 현실에 대처하는 노하우 등이 더 많음을 의미한다. 그러나 때로는 아이와 똑같이 화내고 더 불안해 아이를 다그치기도 하지 않는가. 표정이나 눈빛 등 비언어적 메시지로 아이에게 공부를 잘 하지 않아서 넌 사랑받을 자격이 없다고 느껴지게 전달하는 경우는 또 얼마나 많은가. 나 또한 그런 상황을 수없이 겪었고 어디에도 풀 수 없는 과중한 스트레스를 의도하든 의도하지 않든 가장 힘이 약한 자녀에게 풀기도 했다. 사랑하는 자녀들이 내 감정 쓰레기통 역할을 해야 할 아무런 이유가 없고 지나고 나서 후회해 봐야 주워 담을 수도 없는데 말이다. 혹시나 나와 같은 어리석음을 범하는 엄마가 있다면 여전히 어른답게 행동할 기회가 있음에 의기소침하지 않았으면 좋겠다.

이런저런 일로 아이에게 상처 주고 내 욕심이 아이를 더 불안하게 했던 시간이 떠올라 입시를 끝내고 아들의 생일날 용기 내어 손편지를 적었다. "사랑하는 아들, 엄마가 너를 사랑함에도 엄마 노릇이 처음이라 잘 몰라서 아프게 했던 시간이 많았던 것 같아. 엄마 때문에 상처받았던 시간에 대해 진심으로 용서를 구하고 아들의 모든 앞길에 든든한 버팀목이 되어주도록 노력할게."라고. 아들은 자신이 가장 소중히 여기던 버클리 대학 합격증 옆에 엄마의 편지를 나란히 붙여놓는 것으로 엄마에 대한 애정을 표현해 주었다. 우리는 모두 완벽한 부모가 아니다. 완벽해지려 하지 말고 조금씩 나아지려 하는 것이 중요하다. 부모도 당연히 실수할 수 있기에 용서를 구하는 부모가 되면 좋겠다고 은사인 권수영 교수께서 강조한 것이 기억난다. 자녀를 통해 결함 있는 내 안의 아이를 발견하고 인정하게 된다. 부모로서 실수도 하지만 자식을 통해 조금씩 성숙해져 갈 수 있음은 축복이다. 우리에게 선물처럼 와준 자녀들에게 엄마인 내가 먼저 진정한 그리고 행복한 어른이 되어주길 바란다.

26

헤어짐을 목적으로 하는 사랑

어느 날 퇴근 후 지친 모습으로 거울을 보는데 한 명의 심술쟁이가 서 있는 것 같았다. 예전과는 달리 아들과 함께 가는 서포터가 아닌 많이 앞서 채근하는 무서운 교관이나 관리자의 모습이 보였다. 욕심은 가득한데 맘대로 되지 않아 한껏 성나있으면서 동시에 초조하고 불안한 모습이 거울 속에 서 있었다. 아들의 미래를 위해 대학 준비를 돕는 것이 아니라 엄마인 내가 원하는 좋은 대학 타이틀을 얻기 위해 아들을 끌고 가는 완전히 주객이 전도된 느낌으로 말이다. 문득 중심을 잃고 내달리는 나 자신이 깨달아져 한없이 부끄러워졌다.

거울 속 내 모습을 가만히 들여다보며 기도하자니 내 마음 상태가 보이는 듯했다. 어려서부터 평범하지 않았지만, 아빠 없이도 보란 듯이 잘 키웠다는 평가를 듣고 싶었고, 그 평가의 첫 시험대는 대학입시 결과라는 생각을 무의식에서 하고 있었음을 인정했다. 좋지 않은 대학에 가면 잘못 키웠다는 소리를 들을 것 같았고 좋은 대학에 가면 스스로가 훌륭한 엄마일 것 같았다. 내 기대치는 이미 SAT 1570점 이상의 최고 점수, AP 시험 역시 치르는 것마다 만점을 받아 아이비리그 대학에 꼭 가야 하는 저 높은 곳에 닿아있었다. 내 마음속 욕망의 높은 기대치로부터 무언의 압력을 받는 아들이 얼마나 숨이 막혔을지 느껴졌다. 어느새 많이 변해버린 나 자신이 속물처럼 느껴졌다. 처음부터 잘했던 아이도 아니고 공부해야 하는 이유를 알아 노력을 시작한 지 채 몇 년이 안 된 아이한테 도저히 다다를 수 없는 기대를 하고 있었다.

어리석게도 아들의 몸과 마음이 아프고 나서야 비로소 내 문제가 보이기 시작했다. 아이를 위한다는 명목이었지만 내가 정해놓은 그 높은 기준에 아들을 따라오게 하려고 애를 쓰고 그게 맘대로 안 되어 아이와 나 자신한테 실망하는 사이클이 반복되고 있었다. 그러는 사이 아이는 지쳐 우울과 불안이 가중되었다는 생각이 들었다. 결국, 직접 표현하지는 않았지만 내 말투와 표정 등 비언어적인 모든 것으로부터 표현되는 나의 조바심과 불안이 고스란히 아들에게 더 큰 불안으로 전이되고 자신감을 잃어 휴학과 입시 포기라는 선전포고를 하게 된 것이 아닐까. 아닌 척하고 있었지만, 엄마의 불안을 스펀지처럼 흡수해 자신의 가야 할 길을 놓아버리고 싶은 마음으로 전

이되었음을 알게 되었다. 아들은 공부가 힘든 것보다 엄마의 기대를 채우는 게 더 힘들었고, 자신을 잘 키우기 위해 물심양면으로 애써 준 모든 가족을 만족시키고 싶은 마음과 자신의 현재 모습의 차이가 너무 크다고 느껴져 그냥 다 놓아버리고 도망가고 싶은 마음이었을 것이다.

마음이 많이 아프고 쓰렸다. 또다시 울었다. 소리도 나지 않는 그런 울음이었다. 결국엔 어리석다고 생각했던 엄마들과 똑같은 모습이었다. 불안해하는 아이를 자기다운 모습이 아닌 내가 원하는 모습으로 끌고 가려 했었다니…. 힘들어 지쳐있던 아들의 아픔이 보이기 시작했다. 이 상태에서 대학에 가는게 무슨 소용이 있을까라는 생각이 들었다. 아들이 인생을 행복하게 사는 것이 내겐 가장 중요했다. 아이와의 삶을 분리하지 못한 나 자신을 돌아보고 반성하는 시간을 가졌다. 몸과 마음이 건강하고, 무엇보다 행복하게 원하는 삶을 찾아 살아가는 것이 가장 중요하다는 초심을 회복하는 데 집중했다.

아들에게 대학에 가지 않아도 된다고 말했다. 그저 중도 포기의 실패감이 남지 않도록 고등학교는 끝까지 마칠 것을 서로 합의했다. 그렇게 우리 가족은 함께 그 시간을 나아갔다. 모두가 정신없이 대학입시의 끝자락을 향해 달려가던 고3의 정점에서 나는 아들을 놓아주고 자신의 길을 찾아가도록 기다리는 연습을 다시 해야 했다.

절대 쉽지 않았다. 나서서 모든 걸 대신해 주고 싶은 욕구가 나를 강하게 괴롭혔다. 그러나 인생을 찾아가는 길에서 함께 가던 엄마가 불안해하고 요동치는 모습에 같이 요동쳤으나 엄마가 잡고 있던 팽팽한 끈을 놓아주니 아들은 조금씩 자기 자리로 돌아왔다. 아이러니하게도 내려놓자, 아이의 열정이 다시 솟아났다. 아들은 서서히 자신의 자리를 찾아갔다. 나는 예전처럼 옆에서 필요한 도움을 서포트하는 관계를 회복하며 대학입시까지의 긴 마라톤의 여정을 무사히 완주할 수 있었다.

「유대인 엄마의 힘」이라는 육아서가 있다. 자식에게 무조건 헌신하던 전형적인 동양인 엄마가 이스라엘로 건너가 세 자녀를 세계적인 부호로 길러낸 경험담의 책이다. 특히 '절반의 사랑을 감추고도 아이를 크게 키우는'이라는 부제가 크게 와 닿았다. 아이가 스스로 선택하게 하고, 많은 걸 경험을 통해 배우도록 하는 모습이 실리콘밸리의 페이팔과 같은 창의적인 유대인 마피아를 만들어 내는 저력이지 않을까 생각이 들었다.

유대인 교육법은 지능지수나 감성지수 못지않게 일부러라도 실패를 경험하게 하고 스스로 세상을 견뎌 나가게 하는 역경 지수를 중시한다는 점이 인상적이었다. 남들보다 늦게 갈 수 있음을 감수하고, 자녀가 실패하고 아파하며 돌아가는 모든 과정을 기다리고 견뎌주는 건 정말 쉽지 않다. 부모는 누구나 자녀의 성공과 유능함을 바라기에 내가 가진 모든 경험과 정보를 동원해 대신 해주거나 앞서게 해 주고 싶은 열망을 자주 마주한다. 하지만 오히려 기다려 주고 실패를 허락하고 역경 지수를 높이는 유대인들의 교육법이 우리나라보다 훨씬 더 많은 국제적 명성과 부를 쌓으며 여러 분야에서 세계적인 두각을 드러낸다는 결과는 어떤 교육이 아이를 더 현명하고 크게 만드는지 생각해 봐야 할 필요가 있다.

돌아보면, 내가 엄마로서 할 수 있었던 일은, 그리고 가장 잘할 수 있었던 일은 나의 상처와 욕심과 불안에 맞서 씨름하고 기도하며 아이가 그 시간을 견뎌내기를 지켜보는 것뿐이었다. 그 기다림을 묵묵히 견뎌내려면 엄마 스스로 중심을 잡고 있어야 한다. 견고히 서 있을 수 있도록 엄마 스스로, 나 자신이 어떤 사람인지 끊임없이 자신을 성찰해야 한다. 아이와 내 인생을 분리할 줄 알아야 하고, 아이가 흔들릴 때마다 간절히 기도하면서 힘을 얻을 수 있어야 한다.

그래야만 하는 이유는 위 책의 결론 문구에서 찾아볼 수 있다. "세상의 모든 사랑은 만남을 목적으로 하지만 유일하게 헤어짐을 목적으로 하는 사랑이 있으니, 그것은 바로 자식에 대한 부모의 사랑이다."라는 구절이다. 늘 우리의 보호와 간섭이 필요할 것 같은 자식들이지만, 어떤 식으로든 우리 곁을 떠나야 할 시기가 반드시 온다. 아이가 거친 세상에서 잘 살아가려면 떠나기 전, 엄마의 기다림을 딛고 자신의 힘으로 홀로서기 한 경험과 실력이 반드시 있어야 한다.

내 아이의 속도를 알 수 있다 해도, 언제 꽃을 피울 수 있을지는 아무도 모른다. 대부분의 꽃이 봄에 피지만 코스모스가 가을에 핀다고 누구도 이상하거나 잘못되었다고 말하지 않는다. 아이들의 꽃이 끝까지 아름답게 피어나 세상에 진한 향기를 발하며 활짝 피기를 기다려 주는 역할 그리고 저마다의 자기 꽃망울을 피우도록 기다려 주는 건 바로 우리 엄마들의 몫이다.

6장

나는 당신의 아이가
행복했으면 좋겠습니다

엄마로서의 진심, 중심 그리고 가치

며칠 전 바다가 보이는 곳으로 내려갔다. 평소 잠잠하던 바다에 그날따라 파도가 세차게 일어 카페 쪽으로 파도가 넘어올 것만 같았다. 가만히 보고 있자니 한 남자가 서프보드(surfboard)로 파도를 타고 있는 게 눈에 들어왔다. 워낙 센 파도에 여러 번 넘어져 안 보였다 다시 일어섰다를 반복하는 모습이 꽤 위태로워 보였다. 그런데 몇 번의 넘어짐과 일어남을 반복하더니 이내 중심을 잡고 파도를 잘 타기 시작했다. 가만히 바라보고 있자니, 파도가 치지 않을 때는 움직일 수 없었지만, 거친 파도가 다가올 때 더 빨리 서퍼가 원하는 방향으로 갈 수 있었다. 마치 그 모습은 우리가 지나온 여정을 압축해 보여주는 것 같았다.

27

버클리 입학, 그 후

아들은 크고 작은 성장통을 겪으며 어렵고 멀게만 느껴졌던 세계적인 명문대학교의 일원이 되었다. 이 아이를 혼자 어떻게 키우나 앞날이 깜깜하게만 느껴져 눈물짓고 삶을 포기하고 싶은 날들도 있었다. 기본적인 생활 수준이 보장되지 않은 곳에서 그저 건강하게만 우리나라로 돌아가자고 다짐했던 시간도 있었다. 아들 또한 사랑하는 사람들과 여러 번의 헤어짐도 겪어야 했고 좌절과 외로움의 순간도 많았지만, 모든 과정을 잘 이겨내 주었다. 아들과 나는 한 팀이 되어 대학입시까지의 긴 여정을 기어이 완주해 냈다.

명문대에 자녀를 입학시킨 것이 자녀교육 성공을 의미하는 것은 절대 아니다. 아들도 버클리생이 되었다고 해서 자신의 미래가 성공과 행복을 보장하는 것이 아니라는 것 또한 너무나 잘 알고 있다. 이 소중한 결과는 누구보다 열심히 노력하고 공부한 자신의 성실함과 열정과 더불어, 응원하고 이끌어 주신 많은 분의 도움과 기도 그리고 우리의 모든 계획과 노력을 뛰어넘는 하나님의 축복과 은혜임을 잊지 않기로 우리는 수 없이 다짐했다.

아들은 세계에서 세 번째로 노벨상 수상자를 많이 배출했다는 대학교에서 치열하지만 즐겁게 생활하고 있다. 하지만 처음 미국에 보내고는 또 다른 걱정이 생겼었다. 워낙 공부를 많이 시키기로 유명한 학교에서, 뛰어난 학생들 틈에서 잘해 나갈 수 있을까 걱정이 되었었다.

얼마 전 국내 4년제 대학의 신입생 자퇴 비율이 해마다 증가세를 이어가 2020년엔 2만 명에 이른다는 매일경제(2021)의 조사 결과를 보았다. 수많은 가정이 소위 좋은 대학을 보내기 위해 그렇게 오랜 시간과 큰 비용을 들여 달리고 있는데, 입학한 그해, 공부를 제대로 해 보지도 않고 2만 명이나 그만둬 버린다니 실로 안타까운 일이 아닐 수 없다. 여러 이유가 있겠지만 근본적으로 가정과 학교가 아이들이 정말 좋아하고 진짜 잘하는 것을 생각하고 경험할 시간과 기회를 주지 않고 입시를 위한 공부를 목적 없이 하게 한 이유라고 생각한다. 경험을 통해 좋아하는 것과 잘하는 것으로부터 가장 몰입할 분야를 찾아갔다면 공부할 이유를 알아서 발견하고 꿈을 펼쳐갈 학교와 전공을 결정하도록 자연스럽게 이어졌을 텐데 말이다. 직접 경험해 보는 과정이 거의 없이, 어릴 때부터 입시용 공부에 매진한 아이들이 대학 입학 후 진로와 진학 고민을 위한 또 다른 방황을 하는 것은 어찌보면 당연한 일이다.

　미국 명문대학에 어렵게 입학했지만 중도 포기 후 조용히 귀국하는 한국 학생들이 생각보다 많다고 한다. 미국 명문대학의 수업 방식은 수많은 과제 외에도 생각을 끊임없이 표현하는 토론과 발표 수업이 주를 이룬다. 이는, 부모의 주도와 강요로 스펙을 만들고 한국식으로 시험 영어를 공부해 온 학생들에게는 매우 힘든 수업이 될 수밖에 없다. 최근에는 워낙 어릴 때부터 엄마들이 스펙을 만들어 키워 명문대에 입학시킨 덕에 학교생활을 따라가지 못한다는 이유로 방학 때 한국에 들어와 또다시 과외받는 경우도 많다고 한다. 대학 입시 후에도 또다시 과외에 매이다니 얼마나 안타까운 이야기인가.

　나 또한 평범하다 못해 마음 졸이며 아들을 바라보던 엄마인지라 막상 아이가 버클리에 입학 후 새로운 걱정이 생겨났었다. 하지만 감사하게도 기우에 불과했다. 너무 가고 싶어 했던 학교일 뿐 아니라 배우고 싶었던 공부를 하고 있어 행복하다는 말을 들으니, 마음이 놓임과 동시에 정말 기특했다. 체력적으로, 정신적으로 고된 학업이지만, 견뎌내며 즐겁게 대학 생활을 즐길 수 있는 건, 지난날 여러 파도 가운데 넘어지고 일어나기를 반복하면서 체득하게 된 훈련 덕분이 아닐까 싶어 감사한 마음이 들었다.

엄마로서도 아들의 인생을 바라보면 부러운 마음이 든다. 대학 간 교환학생 제도를 이용해 세계의 여러 대학 캠퍼스를 돌아다니며 공부할 수 있고, 서울대에서도 1년간 교환학생으로 공부하고 싶다는 희망도 내 보였다. 버클리에서 멀지 않은 혁신의 요람 샌프란시스코 실리콘밸리의 구글, 메타, 애플 등의 회사에 취업하고 싶은 꿈을 꿀 수 있다는 것도 너무나 부럽다. 앞으로 어떤 인생이 아들의 미래에 펼쳐질지 모르겠다. 다만 아들에게는 원하지 않는 공부로 힘 빼지 않았던 에너지가 여전히 남아있는 듯하다. 몰입하는 배움의 즐거움을 누릴 에너지가 가득 차 있음을 느낀다.

28

공부보다 먼저
챙겨주어야 할 것들

혁신의 요람 실리콘밸리의 메타 플랫폼스. 기업명을 변경하기 전 페이스북이란 이름으로 더 친숙한 세계적인 IT 기업이다. 창업자이자 CEO인 마크 저커버그는 젊은 나이에 페이스북과 인스타그램으로 대표되는 소셜 네트워크의 혁신을 주도하고 사회적 영향력을 끼치며 기부도 많이 하는 인물로 잘 알려져 있다. 부모가 모두 엘리트이고 본인도 하버드 대학 출신이기도 하지만 어릴 때 받은 교육이 궁금했다. 단순히 어떤 학교에 다녔는지보다 어떤 경험과 가치가 영향을 미쳐 남들과 다르게 생각하고 행동하게 하느냐는 의미에서 말이다.

"지식이 없는 선함은 약하고 선함이 없는 지식은 위험하다. 지식을 나누고 남을 배려하는 인성 엘리트가 되어라." 마크 저커버그가 졸업한 고등학교인 필립스 엑시터 아카데미의 교육 철학이라고 한다. 누군가가 나에게 자녀를 어떻게 키우고 싶은지 묻는다면 대답하고픈 정말 멋진 말이다. 학교는 하버드 대학이 최고의 명문고로 선정할 만큼 세계를 움직인 많은 인재를 탄생시켰는데 미국 대통령 프랭클린 피어스와 조지 부시, 세계적 베스트셀러 「다빈치 코드」의 댄 브라운 등이 대표적이다. 이 철학은 엘리트 주위와 우월감을 경계하고 배려와 봉사를 중시하는 오랜 전통이 졸업생의 삶에 녹아들어 사회기부와 나눔으로 이어지도록 하는 인성 교육 즉 사람됨을 중시하는 교육이 우선순위에 있음을 의미한다.

한편, 실리콘밸리의 세계적 기업들은 어떤 인재를 원할까? 몇 년 전 경제 전문지 포춘은 마크 저커버그가 고등학교 때부터 몸에 배도록 익힌 '협업'을 페이스북의 성공비결로 꼽았다. 세계 최고의 기업이라 불리는 구글도 비슷하다. 라즐로 복 인사 담당 수석부사장의 뉴욕타임스 칼럼(2014)에 따르면 "구글은 아무리 똑똑해도 팀워크에 문제가 있을 것 같으면 아예 채용 자체가 안 된다."고 하듯 협업 능력을 강조한다. 우리는 어려서 공부만 열심히 하면 된다고 가르치고 성적 올리는 것 외에 다른 이와 경험을 쌓아가는 걸 시간이 아깝다고 여기는 경향이 있다. 정말 아이를 크고 유능하게 키워 글로벌 무대에서 활약하도록 키우고 싶다면 생각의 전환이 있어야 하지 않을까.

얼마 전 친구가 초등학교 3학년 아들 일로 속상해하며 말했다. 아들의 친한 친구 그룹에서 한 아이가 학원 다니기에 바빠 팀워크가 안 이루어져 모두 속상해한다는 것이었다. 넌지시 아이 엄마한테 돌려 이야기할까 싶다가도 평소 반응으로는 소용없을 것 같아 난감해하고 있었다. 평소에도 자기 아들은 의대에 갈 거라 공부를 가장 열심히 해야 하고 의사가 되는 데는 사회성이나 관계가 별로 중요하지 않다고 생각한다는 것이 그 이유였다.

과연 그럴까. 단순히 생각해도 의사가 담당하는 치료는 생명을 살리는 것이기에 사람에게 관심이 많아야 하고 특히 수술은 후배 의사나 간호사들과도 협조와 소통을 끌어내야 하는 협업의 과정이다. 그 엄마는 모르긴 몰라도 무언가 생각을 단단히 잘못하고 시대의 흐름도 읽지 못하는 것 같다. 4차 산업혁명 시대 화두를 본격적으로 던졌던 세계경제포럼(2016)에서는 새로운 시대의 미래 인재에 필요한 핵심역량을 발표하며 비판적 사고력, 문제해결 능력, 창의력 등과 함께 소통 능력과 협업 능력을 주장했다.

아무리 기술이 진보하고 전문지식과 학습 능력이 뛰어나다 하더라도 더불어 살아갈 수 없는 사람이라면 본인의 유능함을 발휘할 수 없는 시대가 되었다. 전 세계 어디든 연결과 소통이 가능한 초연결 시대를 살아가는 요즘이지만 동시에 그 어느 시대보다 고립의 시대임도 분명한 것 같다. 「어린 왕자」를 쓴 생텍쥐페리가 인간은 관계의 덩어리라고 했듯이 관계하는 법을 모른다면 자신의 역량도 제대로 발휘할 수 없다. 그렇다면 이 인성이라고 하는 것은 아이가 대학에 들어가고 가르쳐도 되는 것일까? 뇌과학자 서유헌 교수는 3~6세 사이의 유아기에 종합적인 사고 기능을 담당하는 전두엽의 발달이 빠르게 진행되는데, 이 전두엽이 감정의 뇌와 본능의 뇌를 제어해서 원초적인 감정과 폭력성을 억제하는 기능을 담당한다고 말했다. 그 때문에 유아기에 인성과 도덕 교육을 해야 예의 바르고 인성 좋고 감정을 잘 조절할 줄 아는 사람이 될 수 있다고 했다. 일찍 가르쳐야 할 것은 지식교육이 아니라 바로 인성 교육인 것이다.

미국 역사상 인간의 삶에 대한 최장기 연구 프로젝트인 '하버드대 성인 발달 연구'의 책임자인 로버트 월딩어 하버드대 의대 교수는 동아일보(2023)와의 인터뷰를 통해, 연구 결과는 교육 수준이 행복을 결정하는 요인이 아니었으며 인생에 중요한 한 가지는 '사람들과 따뜻하고 의지할 수 있는 관계'로 나타났다고 밝혔다. 자녀에게 무엇이 되라고 강요해서는 안 된다고 한국 부모들에게 조언하면서 말이다.

한국 최초의 시각장애인 박사로 한국계로선 처음으로 미국 백악관 차관보까지 올랐던 고 강영우 박사는 저서 「원동력」에서 두 아들을 글로벌 리더로 성장시킨 원동력 중 첫째 조건을 자신감과 자존감이라고 강조했다. 조지 래드 박사의 연구 결과를 인용하여, 다른 사람과 비교해 생기는 열등감 때문에 대부분 능력, 재능, 은사 등을 겨우 10%만 개발 및 사용하게 되며, 이에 따라 자존감과 자신감이 작아진다고 하였다. 열등감이 극대화되면 자존감은 최소화되어 결국 자포자기 상태까지 이른다고 하는데, 우리나라 교육 현실에서는 이를 부추기는 일들이 얼마나 빈번하게 일어나는가. 얼마 전 방송에서도 스트레스로 무려 9년이나 구토를 하며 심각한 저체중 증상을 보이는 중학생 나이의 아이를 볼 수 있었다. 가장 상처 되는 기억을 물으니, 자신에게는 너무 어려웠던 학원 클래스에서 70점을 받은 것이라고 하며, 그 때부터 스스로가 무가치하게 느껴졌다고 말했다. 자기가 없었더라면 부모님이 더 낫지 않았을까라고 덧붙이는 아이의 말에 정말 가슴이 아팠다.

이러한 현실에서 중심 잡고 아이들을 적극적으로 보호해 자존감과 자신감의 단단한 기초를 만들어 줄 대상은 우리 부모 뿐이다. 경쟁에서 지고 원하는 성적이 나오지 않더라도 여전히 빛나는 인생을 살 아이임을 진심으로 격려해 주어야 한다. 그렇게 할 수 있을 때 내 아이의 자존감은 지켜지며 더불어 살 줄 아는 좋은 인성이 만들어질 수 있다. 그 토대가 단단해야 자신이 몰입해 알게 된 지식을 나누는 선한 엘리트로 성장할 수 있다. 스스로도 행복하고 주변도 행복하게 만드는 진짜 유능하고 실력 있는 인재로 말이다.

29

스펙이 부족한 아시아 소년이
미국 명문대학에 합격한 이유

한국은 심각한 저출산으로 학령인구가 줄고 있음에도 불구하고 예전보다 원하는 대학에 들어가기는 더 힘든 것 같다. 미국 또한 명문대학 입학 합격률이 점점 낮아져 입시생들은 최대한 좋고 많은 스펙으로 무장해 입학 문을 두드린다. 다만 신기하게도 완벽한 스펙에도 불합격하는 지원자가 많은 반면, 스펙이 완벽하지 않아도 합격하는 예가 심심찮게 존재한다.

아들의 경우 해외 대학 지원을 위한 고등학교 4년 성적이 전부 A는 아니었다. 학교 규모가 작아 좋은 GPA(내신 성적) 받기가 상대적으로 쉬움에도 불구하고, 과학이나 사회 같은 높은 이해력이 있어야 하는 과목은 B 학점을 받고, 또한 1,600점 만점의 SAT 시험도

1,500점대 초반 점수를 받았다. 높은 점수임은 틀림없지만 만점을 향해 달려가는 뛰어난 다른 한국인 수험생들에 비하면 경쟁력 있는 높은 점수는 분명히 아니었다. 그리고 대학 수준의 과목을 미리 수강하는 AP도 10과목 이상을 모두 만점 받고 지원하는 예도 매우 많다고 들었는데, 아들의 경우 작은 학교에서 제공 과목 수가 적은 이유도 있어 수학과 경제 등에 관련한 5과목만 이수했다.

이런 아들이 명문 대학인 리버럴 아츠(Liberal Arts, 미국의 학부 중심 대학)와 아시아 대학까지 두루 합격한 것이 신기했다. 리버럴 아츠에서는 장학금을 제안받기도 했다. 최종적으로 버클리 대학을 선택 후, 해당연도의 미국 입시 결과를 분석하는 글을 찾아 읽게 되었다. 대학 입학관계자의 직접적인 글은 아니니 주관적인 견해일 수 있으나 국내 입시 컨설턴트들의 경험으로부터 합격할 수 있었던 이유를 짐작할 수 있는 글들을 골라 읽었다.

미국 정부의 반이민 정서가 대입에도 영향을 미쳐 시민권이 있거나 유학생이더라도 미국 내 지원자의 합격률이 뚜렷하게 높았다고 한다. 특히 예전부터 아시안 남학생들은 리더쉽과 창의성이 부족하다는 편견까지 더해졌으니 한국인 국적을 가진 남학생이 입학의 높은 벽을 뚫기란 정말 쉽지 않았음은 분명하다. 결론적으로 아들은 완벽에 가까운 뛰어난 스펙보다는 남다른 경험을 자신의 열정과 재능에 더해 꾸준히 해 온 일관성과 확장성을 차별화된 에세이와 포트폴리오로 만든 것이 주요하게 어필되어 높은 입학의 벽을 넘었다.

학교별 제출하는 350~1,000자 내외 에세이를 여러 편 작성하기는 정말 쉽지 않은 작업이다. 주제별 여러 에세이를 통해 살아온 삶과 비전을 함축해 자신이 누구인지 어필할 수 있으려면 다양한 경험을 통한 특별한 스토리와 일관된 메시지가 있어야 한다. 후배 엄마들이 아들의 입학 지원 스펙을 물으면 솔직하게 성적과 비교과 활동에 관해 이야기해 준다. 그 후 반응이 참 재밌는데, 성적이 생각보다 완벽하지 않다는 거에 의아하다는 표정이 꼭 나온다. 그리고 여러 비교과 활동을 언제 그렇게 다양하게 그러나 일관되게 해 왔냐는 사실에 놀라며 도저히 그렇게까지 자녀를 밀어줄 자신이 없다는 반응을 보였다. 오랜 시간을 거쳐 쌓아온 경험의 스토리가 성과의 나열로만 보면 단기간에 할 수 없고 엄두가 나지 않았기 때문이다.

그러나 아들은 식당에서 김밥값을 계산하던 일상의 경험으로부터 그의 스토리를 시작했다. 자연을 누비며 뛰어다니고 놀면서 스펀지처럼 흡수한 영어 말하기로부터 시작했다. 많은 학생이 공부라고 말하며 나중엔 힘들어 포기하기도 하는 수학과 영어에 관한 관심은 그렇게 시작되었다. 지적 자극이 필요할 때 철저하게 재미와 놀이를 놓치지 않으려 했고 그 관심이 학업에의 몰입으로까지 이어진 것 같다. 또한, 프로 야구의 열광적 팬으로 야구 선수가 되고 싶다던 경험에서 시작했고 재미 삼아 보냈던 청소년 캠프로부터 어려운 사람들을 돕는 변호사가 되고 싶다는 꿈이 시작되었다. 많은 학생이 비슷하게 쌓아온 스펙이 아니라 아이가 관심 있는 흥미와 잘할 수 있는 재능, 되고 싶은 꿈을 발견하기 위한 경험으로부터 스토리를 쌓아나가며 그것이 경쟁력의 뼈대가 되어주었다.

많은 명문대학은 그리고 실력 있는 인재를 원하는 세상은 완벽한 스펙을 가진 사람을 원하는 것이 아니다. 완벽함보다 독특하고 유일한 스토리를 가진 사람을 원한다. 그래야 사회 각 분야에 리더로 세워져 자신만의 목소리를 내며 세상을 변화시킬 수 있기 때문일 것이다. 그 독특하고 유일한 스토리는 장시간 노력한 과정과 실천이 녹아있기 때문에 힘이 있고 다른 사람에게 영향력을 끼칠 수 있다. 그렇게 하기 위해서는 엄마가 자녀의 관심사부터 흥미, 재능에 이르기까지 정말 세밀하게 관찰하고 시기적절한 자극을 주어야 하며 몰입할 수 있는 환경을 지속해서 제공해 주어야 한다. 그리고 엄마가 가르치고자 하는 가치가 무엇인지를 중심을 갖고 일관되게 자녀에게 전달할 수 있어야 한다.

완벽한 스펙과 점수는 없었지만 그 빈틈만큼 의미 있는 경험으로 채운 스토리가 있어서 경쟁력을 가질 수 있었다. 유아기 때는 아프리카와 피지 등 아웃리치에서의 경험을 통해 세상이 공정하지 않을 수 있다는 것을 눈으로 보았다. 초등학교 때는 국내 봉사활동을 통해 우리나라에도 경제적 양극화가 가속화되고 있다는 것을 보았다.

이런 경험을 바탕으로 청소년 시기에는 본인이 할 수 있는 역량과 열정에 따라 이 불평등을 평등으로 한 발짝 나아가도록 돕는 연구의 첫걸음을 떼고 필요한 기사들을 쓰고 발표했다. 더 나은 세상을 만드는 데 기여하고 싶어 배울 수 없는 어린이들을 위해 책을 번역하고, 청소년 포상제 활동을 하면서 진로와 관련한 포트폴리오를 만들어 나갔다.

다른 학생들을 밟고 일어서기 위한 스펙이 아니라 누군가를 돕고 세상을 미약하나마 변화시키고자 하는 진짜 경험으로부터 나온 성장 스토리였다고 생각한다. 고등학생 수준으로 가능할 것 같지 않은 만들어지거나 단기간에 남들이 하는 걸 무작정 따라 한 스펙으로는 결코 한 학생의 오랜 기간 관심과 관련 경험들, 그리고 스스로 의미 있으려고 노력을 기울였던 학생을 따라갈 수가 없다. 자신이 중요하다고 생각하는 분야에 오랜 시간에 걸쳐 깊이 있게 추구했던 경험 및 능력을 보여주는 것이야말로 높은 입시의 벽에서 자신만의 차별성을 드러낼 수 있는 좋은 길이라 생각한다.

인생은 다른 이들과의 경쟁인 경주(race)가 아니라 자기 경험을 쌓아 꿈을 찾아가는 여정(journey)이다. 성장을 위한 여정이기 때문에 때론 멈추었다가 가도 괜찮다. 실패해도 괜찮다. 그 또한 다른 시작을 알리는 스토리가 될 뿐 아니라 다른 사람을 위로하고 자신을 강하게 하는 스토리로 만들어 갈 수 있다. 생텍쥐페리는 '당신이 배를 만들고 싶다면, 사람들에게 목재를 가져오게 하고 일을 지시하고 일감을 나눠주는 일을 하지 말라. 대신 그들에게 저 넓고 끝없는 바다에 대한 동경심을 키워줘라'라는 멋진 말을 했다. 내 자녀가 어떤 분야에 몰입을 하고 가치를 보일지 알기 위해서는 세상을 직접 경험하고 바라보아야 한다. 그럴 때 보다 나은 세상을 향한 동경을 갖게 된다.

30

완주할 수 있는 힘을
남겨두었을 때

'부모는 멀리 보라하고 학부모는 앞만 보라합니다.

부모는 함께 가라하고 학부모는 앞서가라 합니다.

부모는 꿈을 꾸라하고 학부모는 꿈꿀 시간을 주지 않습니다.

당신은 부모입니까 학부모입니까?'

마음을 울리는 이 공익광고가 나온 지 10년은 된 것 같은데 여전히
많은 부모교육이나 교육칼럼 등에서 자주 접하게 된다. 군이 무슨
의미인지 설명하지 않아도 마음에 와서 박히는 내용인 까닭이다. 부
모와 학부모. 비록 한 글자 차이지만 아이를 대하는 자세나 느낌은
너무 다르다. 한껏 자기 삶을 살게 하는 아이와 답답하게 정해진 틀
에 갇혀 살도록 하는 아이. 양육 태도는 한 끗 차이일 수 있지만, 아
이가 어른이 되었을 때 나타나는 삶의 결과는 너무 많은 차이를 보
이게 된다.

20세기 최고 과학 천재인 아인슈타인이 두정엽의 천재라 불리는 이유는 과학적 사고 기능을 맡은 두정엽이 일반인보다 15% 이상 크고 잘 발달했기 때문이라고 한다. 두정엽이 잘 발달한 데 비해 언어의 뇌에 해당하는 측두엽은 발달이 늦어 만 세 살 때 처음 말을 하기 시작했단다. 우리나라로 치면 4~5세가 되는 나이니 우리처럼 강제 선행교육을 했다면 과연 아인슈타인의 천재성이 빛을 발할 수 있었을까에 뇌과학 전문가들은 의문을 표한다. 0~3세까지 뇌의 80%가 완성된다는 이유로 먼저 시작할수록 똑똑해진다고 부추기는 사교육 시장의 논리는 OECD 보고서가 밝힌 뇌에 대한 잘못된 믿음 중 하나로 밝혀졌다.

어떤 부모도 이제 돌이 갓 된 아이가 다른 아이들에 비해 아직 못 걷는다고 억지로 훈련하지 않는다. 빨리 걸을 수 있는 다른 아이들에 비해 조금 늦더라도 때가 되면 걸을 것을 알기 때문이다. 이유식을 먹여야 하는 아이에게 어른이 먹는 쌀밥을 먹으라는 시도도 하지 않는다. 신체발달은 모두 그렇게 이해하고 받아들이지만 유독 인지발달은 많은 엄마가 억지로라도 당기려 하는 것 같다. 아이는 마음의 준비가 되지 않았고 받아들일 뇌 발달이 아님에도 억지로 가르치려 하는 것이다. 내가 시킨다고 되는 것이 아니라 아이가 배울 수 있어야 가능한 일인데 말이다.

어린이집을 졸업한 큰딸의 경우 미국에 오기 직전 Mommy를 몸마이로, Daddy를 대다이로 읽을 정도로 영어에 관심과 실력이 없었다. 미국에 와 1학년 자리가 없어 2학년에 배정되었는데, 본인이 영어를 잘하고 싶고 그림책을 좋아해 쉬운 것부터 자주 읽어주고 스스로 읽어가다 보니 어느덧 2학년 책을 잘 읽는 수준에 이르렀다. 학년말에는 학업적인 면에서 최우등상(Superior Honor Roll)뿐 아니라 생활 전반에 대해 학교장상(Principal's Award)을 받았는데, 엄마로서 창의적인 삽화로 가득한 책을 읽는 재미와 외국 친구들과 말하고 싶은 욕구를 적절히 자극한 효과를 확인하는 경험이었다. 아마 한국에서 아이는 원치 않는데 파닉스와 스펠링을 강조하며 학습으로 영어를 공부시키다 왔다면? 단기적으로는 눈에 보이는 학습 결과가 좋을지 모르겠으나 자발적인 내적 동기나 지속적인 흥미도는 그리 높지 않을 것은 분명하다.

우리나라 교육은 너무 뜨겁다. 과열된 온도는 엄마와 아이들을 지치고 힘들게 만들고 있다. 과열되었다는 건 기준 이상으로 자극이 과하다는 건데, 정상 체온을 넘으니 엄마들도 아이들도 열이 펄펄 끓는 속에서 폴짝폴짝 뛰고 있는 것 같다. 이렇게 정상이 아닌 체온으로는 절대 오래 버틸 수가 없다. 주위에서 아무리 그 속에 있으라고 해도 버텨낼 수가 없다. 그 열을 식히고 정상적인 체온으로 돌아와야 바른 판단과 바른 성과를 낼 수 있다. 수차례 말하지만, 마라톤에서 초반에 힘을 다 빼버리면 절대로 끝까지 완주할 수 없다. 사교육을 많이 한 아이들은 15세 이후 번아웃이 온다고 전문가들이 밝힌 것처럼 레이스의 반환점을 돌 지점까지 실컷 앞서있다가 정작 달려야 할 때 달리지 못한다면 무슨 소용이 있겠는가.

나는 뇌과학에 대한 지식이 없다. 다만 초등학교 1학년 2학기까지 한글조차 관심이 없던 아들의 차이와 수준을 지켜봐주었다. 무엇이 가장 아이를 위한 것인가를 중심에 두었다. 또한, 아빠의 부재라는 마음의 상처가 여전히 아이에게 아픔으로 남아있는 상태에서 또 다른 학업의 심적 고통을 겪게 하고 싶지 않았던 안쓰러움과 공감하는 마음이 과열된 주변 상황에 휩쓸리지 않고 아이를 지켜낼 수 있었던 주요한 요인이었던 것 같다.

돌이켜보니 어쩔 수 없다고 생각한 내 상황들 때문에 과열된 경쟁에서 아들을 보호할 수 있었음도 감사하다. 세상을 누비고 다니며 뛰어놀았던 그 시간이 아이의 뇌 발달을 자극하고 촉진할 수 있었다. 결국 초반에 힘을 빼지 않았기에 나중에 뒷심을 발휘할 수 있었음도 깨닫게 되었다. 아들이 어릴 때부터 달리고 또 달렸다면 마지막에 휴학과 자퇴 위기가 찾아왔을 때 다시 힘을 내어 완주할 수 있는 에너지가 남아있었을까. 대답은 분명하고도 단호하게 '노(No)'

227

이다. 아들은 입시라는 마라톤에서 사용할 총에너지 중 초반에 거의 사용하지 않았기 때문에, 막판에 크게 넘어지는 위기도 있었지만, 다시 일어나 막판 역전 스퍼트를 낼 수 있었다.

　가정마다 환경은 모두 다르고 아이가 겪어내야 하는 인생의 파도는 예측할 수 없다. 우리 자녀들은 수많은 변화와 도전에 둘러싸인 큰 세상을 살아가게 될 것이다. 그러려면 어떤 파도이든 중심을 잡을 줄 알고 넘어설 수 있어야 한다. 부디 자녀의 인생을 멀리 보고 어릴 때 자신과 세상을 탐색하며 꿈을 꾸는 시간을 격려하는 엄마들이 되었으면 좋겠다. 그리고 커가며 다양한 경험을 통해 좋아하고 잘하는 몰입할 분야를 찾아 행복하고 유능한 인생을 살도록 지지하는 엄마가 되기를 바란다. 그래서 때로 함께 걷고 때로 함께 뛰며 아이와 기쁘게 끝까지 완주하는 부모가 되기를 바란다. 학부모이기 이전에 진짜 부모로서 말이다.

31

칠흑 같은 어둠 속에서도
끝까지 버틸 수 있는 이유

학위를 위한 공부가 다 그렇겠지만 십여 년 전 대학원 다닐 때, 해야 할 과제와 읽어야 할 원서가 너무 많았다. 게다가 경기도 용인에서 서울 신촌까지 왕복 4시간씩 통학하다 보니 중간에 그만두고 싶은 적이 여러 번 있었는데, 유혹이 있을 때마다 첫 학기 첫 시간의 교수님 메시지를 되새겼다. 앞으로 수년간 상담실습과 슈퍼비전 등을 포함해 돈이 많이 들고 공부가 힘들 것이니, 끝까지 버텨낼 자신이 없으면 지금 그만두는 게 낫다고 하면서도 '배에서 내리지만 않으면 결국 종착지에 도착한다'라는 비유로 학생들을 격려한 내용이었다.

그 비유는 해야 할 공부가 너무 많고 길에서 시간을 다 버리는 것 같은 통학을 오가며, 공부와 일을 병행하면서 아이도 키워야 했던 대학원 시절을 버티게 해준 매직과도 같은 문구였다. 그 기간은 나도 참 귀여워했던 아들의 제일 친한 친구가 하늘나라에 가고, 양육비 청구 소송을 겪으면서 억울하고 녹아내리는 가슴을 진정시키며 수없이 재판 관련 문건을 직접 써야 하는 시간이기도 했다. 힘든 일은 늘 있었지만 배에서 내리지 않으니 무사히 졸업할 수 있었고, 불투명한 진로에 걱정했지만 마지막 학기에 본 우연한 공고로 공공기관 채용 전형을 한 번에 통과할 수 있었다. 당시에는 힘든 시간을 왜 지나야하는지 이해되지 않지만, 잘 인내하고 견디면 선물과도 같은 미래가 하나씩 다가오기도 하고 왜 힘든 시간을 지나왔는지 그 뜻을 알게 되기도 한다. 인생은 뜻대로 되지 않아 힘들 때가 참 많지만 반대로 뜻하지 않았던 좋은 일도 일어나기에 어려움의 시간 끝에 어떤 일이 일어날지 기대하며 마지막까지 지나가 볼 만한 가치는 분명히 있는 것 같다.

'이 또한 지나가리라'라는 문구는 아들을 키울 때 힘든 시간을 버티도록 붙들어주었다. '인생은 해석이다'라는 문구는 실패했다고 여겨지는 일을 새로운 기회의 가능성으로 재해석해 버티고 마음이 단단하게 성장하도록 붙들어주었다. 나 또한 초보 엄마이기에 가 보지 않은 길에 잦은 걱정과 염려로 좌충우돌하며 이 길을 걸어왔다. 엄마로서 부족하고 잘못된 결정을 할 수도 있음을 인정하고 내 욕심대로가 아닌 아이에게 맞는 좋은 미래가 펼쳐질 것을 신뢰하기를 선택하며 지금까지 지나왔다. 잘못된 선택에서는 바로 돌이켜야 할 때도 있지만 내 의지와 노력을 벗어나는 일에는 중심을 지키며 시간이 지나가도록 견디고 버텨야 했다.

글을 쓰고 있는 이곳, 하와이 빅 아일랜드섬에는 마우나케아라는 세계적으로 유명한 관광지가 있다. 높이가 10,205m에 달하는데, 산 가장 아래인 바다 밑 해저로부터 산 정상을 측정하면 에베레스트산보다도 높아서 세계에서 가장 높은 산으로 알려져 있다. 게다가 NASA에서 운영하는 천문대가 있어 전 세계에서 손꼽히는 별 관측소가 있는 곳이다. 일 년 내내 무더운 하와이지만 산 정상에는 눈이 내려 두꺼운 옷을 껴입고 사륜구동차로 수천 미터 이상 올라가야 하며, 중간중간 높은 고도에 호흡과 몸이 적응하도록 쉬었다 가야 한다. 그렇게 정상을 향하는 과정은 절대 만만치 않지만 구름 위 마우나케아 정상에서 마주하는 일몰은 대자연의 경이로움과 창조주의 위대함을 느끼게 한다.

감격은 여기서 끝나지 않는다. 별을 보기 위해 해가 완전히 지고 칠흑 같은 어둠이 올 때까지 무료하지만 얼마간을 기다린 후 깜깜한 밤이 되어 수만 개의 쏟아지는 별을 하늘 가장 가까이에서 볼 때의 벅차오르는 감격은 경험해보지 않은 사람은 절대 알 수 없는 감동 그 자체다. 완전히 어두워진 깜깜한 밤하늘을 기다려야만, 온 하늘을 가득 채운 별들을 지구상에서 가장 가까이 볼 수 있다. 그 성취감과 압도당할 것 같은 감격은 힘든 여정을 인내하며 지나옴에 대해 창조주가 주신 값진 선물이다.

마틴 루서 킹 주니어의 유명한 명언이 있다. '어두운 밤이 되어야 별을 볼 수 있게 된다는 것을 기억하라(Only in the darkness you can see the stars)'. 마우나케아에 오르고 보니 진짜 그랬다. 숨이 가빠지고 힘든 순간, 얼어붙을 것처럼 추운 순간, 어둠이 찾아오는 적막함에 두려운 순간이 지나가고 나니 하늘과 가장 가까이 있는 찬란하고 밝은 별을 볼 수 있었다. 아들과 나의 삶에서도 그랬다. 아들이 요동치고 무너질 것 같을 때 그 시간이 지나갈 때까지 버텨주어야 했다. 다둥이 워킹맘으로 버거워 포기하고 싶던 순간들을 최선 다해 일상을 살아내는 것으로 견뎌냈기 때문에 아들의 가장 빛나는 순간을 함께 감사함으로 맞을 수 있었던 것 같다.

성공을 추구하는 사람들의 필독서라 불리는 「GRIT」에서는 성공의 비결을 '그릿(성장을 뜻하는 Growth, 회복력의 Resilience, 내재적 동기의 Intrinsic Motivation, 끈기의 Tenacity의 각 앞글자를 축약해 만든 단어)'이라 불리는 열정과 끈기의 조합이라 했다. 자신이 성취하고자 하는 목표를 끝까지 해내는 힘이자 어려움, 역경, 슬럼프가 있더라도 목표를 향해 오랫동안 꾸준히 정진할 수 있는 능력 말이다. 인생을 살아가다 보면 그리고 자녀를 키우다 보면 정말 많은 좌절의 순간이 찾아온다. 가정마다 아이마다 상황은 다르겠지만 한 치 앞을 알 수 없고 길

을 잃은 것만 같아서 또 아이가 이대로 실패할 것 같아서 두려운 순
간들이 자주 찾아온다.

아이를 유능하게 키우기 위해 그릇을 키워주는 것만큼이나 엄마
자신의 그릇도 키울 수 있어야 자녀를 잘 키워낼 수 있다고 생각한
다. 엄마로서 아이가 어떤 상황과 조건에 있던지 있는 그대로 사랑
하겠다는 마음으로 성장통을 함께 견디는 중심을 지켜갈 수 있다면
그리고 그 진심이 자녀에게 표현되고 전달된다면, 어떤 아이도 틀림
없이 행복하게 잘 자랄 수 있다고 확신한다. 엄마와 아이가 쌓아온
마음의 시간이 세상에서 어려운 일을 당할 때 버텨내는 힘이 될 것
이기 때문이다. 정호승 시인은 '견딤이 쓰임을 결정한다'라고 했다.
아이들이 자라며 만나는 수많은 어려움을 잘 견디고 이겨낼 때 그
만큼의 자란 폭으로 더 유능하게 쓰임 받는 인재로 성장할 것을 믿
는다.

엄마가 믿어주는 아이는
반드시 자신의 유능함을 발휘한다

프랑스의 저명한 신문인 르몽드지(2013)는 한국 학생들을 세계에서 가장 불행한 아이들로 묘사했다. 가장 경쟁적이며 가장 고통스러운 교육을 받고 있다는 설명에 아니라고 딱 잘라 말할 수 있는 사람은 별로 없을 것 같다. 탁월한 지성이자 참 어른이었던 고 이어령 교수는 모든 사람은 천재로 태어났고 그 사람만이 할 수 있는 일이 있다고 했지만, 우리나라 아이들은 자신이 얼마나 특별한 존재이며 잘할 수 있는게 있는지를 자라가면서 오히려 잊어가는 것 같아 너무나 안타깝다.

누구나 달리는 한 방향을 쫓아가다 최고(Best One)가 되지 못해 힘들어하기보다 하나밖에 없는(Only One) 나다움을 찾아가라는 우리 시대 석학의 말은 대한민국에서 자녀를 키우는 엄마 입장에서는 이상적인 이야기로만 들릴 수 있을 것 같다. 그러나 우리는 모두 엄마로서 내 아이가 유능하게 잘 자라고 행복하게 살아가기를 원하고 있다. 그렇기에 현실이 어떠하더라도 그 바른길을 위해 고민하고 노력하는 일은 분명 필요할 것이다.

이 세상에 어떤 아이도 목적과 재능 없이 그냥 태어나지 않았다고 믿는다. 사람만이 부모가 긴 시간 어떻게 사랑을 주느냐에 따라 어떤 성인으로 성장할지를 결정한다. 달리 말하면 고유한 목적과 재능이 있기에 다른 아이와의 비교나 동일한 기준으로 길러져서는 안 된다고 생각한다. 성장 단계마다 아이의 고유함과 개성을 드러내는 오리지널 디자인을 잘 찾아가도록 관찰하며 최선을 다해 적절하고 좋은 자극을 의미 있게 경험하도록 노력해야 한다.

나는 아이를 세상에 풀어놓았던 엄마였다. 자의적으로 행하기 전, 그렇게 내 삶은 이끌어졌고, 그것이 아이를 위해 가장 옳은 길임을 깨닫게 되었다. 어릴 때는 자연과 세계를 경험하며 아이가 행복해하는 것이 그저 좋았다. 지나고 보니 그 시간들이 아들의 인성과 사회성, 문제해결 능력을 키워 주었다. 다양한 사람들과 좋은 시간을 보낸 추억이 관계성을 길러주었고, 주변을 돌아보며 어려운 사람을 도울 수 있는 마음을 길러주었다. 새벽까지 영어 수학 문제를 푼 시간은 또래보다 적었지만, 세상을 공정하게 만들기 위한 연구계획서를 만들기 위해 고민했던 시간과, 관련 원서를 번역하며 밤을 새운 시간은 더 많았다.

그마저도 아이를 다르게 키울 수 있었던 시작은 인생의 실패로부터 이끌린 불가피한 선택이었고 감정적인 무기력함과 우울 때문에 아이를 내버려 둘 수밖에 없던 환경적인 제약으로부터 비롯되었다. 그런 실패가 없었다면 똑같이 아이를 공부로 내몰고 인성보다 학습이 중요하다며 경쟁으로 내모는 잘못을 범했을 텐데, 가장 실패의 순간으로부터 전혀 알지 못했던 새로운 방식으로 아이의 삶을 이끌어 주신 하나님께 감사하다. 많이 부족했고 그래서 어떻게 키울지 몰라 많이도 울었다. 아이에게 마음의 상처를 주는 부족한 엄마이기도 했다. 그러나 세상에 휩쓸리지 않고 내 아이의 재능, 성격, 능력, 관심의 고유함을 잘 찾아가도록 기도하며 오늘에 이르렀다. 내가 원하는 것 이상으로 그리고 아들의 능력 이상으로 모든 인생의 순간이 퍼즐처럼 짜 맞춘 듯 놀라운 인생 스토리가 만들어지고 아이의 가능성을 믿고 노력하는 시간이 쌓여 유능함을 인정받은 결과가 주어짐에 감사하지 않을 수 없다.

아이와 함께 지나온 시간들을 기록하고 보니 벅차고 감사한 마음만이 가득하다. 누군가 나에게 아들을 다시 키운다면 후회하고 싶지 않은 것이 무엇인지, 시행착오를 거쳐 딸들을 키우며 더 관심을 기울이고 있는 게 무엇인지, 그리고 수많은 교육과 상담 현장을 경험하며 나라와 연령을 초월하여 중요한 엄마의 조건이 무엇인지 묻는다면 이렇게 말하고 싶다. 경쟁과 비교로 자존감을 깎아내리는 세상의 수많은 거짓 메시지들 속에서 아이가 '나는 충분히 괜찮고 특별하며 가치 있는 사람이다' 라는 내면의 메시지를 지킬 수 있도록 노력하는 엄마의 변함없는 사랑과 인정이라고 말이다. 심리적 왜곡을 만들 수 있는 말과 상처, 트라우마로부터 보호해주는 지속적인 사랑과 인정을 받은 아이는 어떠한 상황과 관계에서도 행복할 수 있는 마음이 단단한 사람으로 성장할 수 있을 것이다.

개인적으로 천연진주가 여성을 가장 우아하고 돋보이게 하는 보석이라 생각한다. 이는 조개의 몸 안에서 진주가 만들어지는 과정이 흡사 자녀를 품은 엄마의 모습과 닮아있기 때문이 아닐까 싶다. 조개의 몸 안으로 모래알이 들어가게 되면 조개는 본능적으로 두 가지 반응을 보이는데, 하나는 모래알을 무시해 병에 걸려 죽게 만들거나 또 하나는 몸속에 들어온 모래알을 받아들여 생명의 즙을 짜내고 몇 년이 걸리든 계속 감싸 하나의 천연진주를 만들어 낸다고 한다. 그냥 세상이 하는 대로 내버려 두고 어쩔 수 없이 휩쓸려 생명력을 잃는 모래가 있는가 하면, 외부의 거친 공격 속에서도 지키고 보호하며 단 하나의 고귀한 진주로 만들어 갈 수 있는 차이는 실로 그 결과가 엄청나다.

엄마로 살아간다는 것은 결코 쉽지 않다. 있는 그대로 아이를 사랑하고 인정하는 것도 쉽지 않다. 내 힘만으로는 절대 할 수 없다. 그러나 현재 가정의 상황이나 아이의 모습이 어떠한지와 상관없이 모든 아이에게는 저마다의 가능성이 있기에 시간이 걸리더라도 인내하고 격려하며 특별함을 찾아가도록 노력해야 한다. 아이는 내게 맡겨진 귀한 존재임을 기억하면서 말이다.

부족한 내가 할 수 있었다면 모든 엄마도 아이의 잠재력을 끌어내어 보람과 감사를 누릴 수 있다. 평범했던 우리 아들이 할 수 있었다면 모든 아이도 실패를 새로운 가능성의 시작으로 바꿀 수 있고 때가 되면 자신의 꽃망울을 활짝 피울 수 있다. 소중한 우리 아이들이 저마다 보석 같은 존재감과 무한한 잠재력을 지닌 존재임을 끊임없이 신뢰하며 행복하게 자라가기를 응원하며, 엄마들도 부모로서의 진심, 중심, 그리고 가치를 지키며 함께 성장해 가기를 진심으로 응원한다.

—
처음 하와이로 떠날 땐 아들과 나의 앞길에 대해 두렵고 연약하기만 했다.
힘들 때마다 평탄한 삶을 원했던 내게, 우리의 실패까지도 사용하시며 완전히 다른 계획으로
두 사람의 삶을 이끌어 주셨다.
더 강하고, 더 크고, 놀라운 인생의 순간으로.

낙제생 아들이 미 명문대학에 입학하기까지, 끝없는 엄마의 믿음과 기다림

당신이 나를 이끌어 줄 때 When You Lead Me

1판 1쇄 인쇄   2023년 5월 19일
1판 5쇄 펴냄   2023년 6월 22일

지은이   Noel 김세원
발행인   이승용
펴낸곳   (주)체인사

출판등록   2017. 10. 31. (제 2017-000312호)
주소   서울특별시 강남구 선릉로 704, 1242호
대표전화   02-518-7191 팩스 02-6008-7197

ISBN   979-11-90067-74-4(13370)